公開70周年記念

映画

［監修］
国立映画アーカイブ
映像産業振興機構

『羅生門』展

EXHIBITION

RASHOMON

AT THE 70TH ANNIVERSARY

nfaj　VIPO　国書刊行会

ごあいさつ

　1950年8月26日に劇場公開された映画『羅生門』は、国内では大ヒットにはならなかったものの、監督黒澤明の芸術的な野心が認められ、1951年9月にヴェネチア国際映画祭で金獅子賞を受賞、さらに1952年3月に米国アカデミー賞名誉賞を受けることで国際的な評価を確立し、黒澤の、ひいては日本映画の水準の高さを世界に知らしめ、戦後復興のひとつの象徴にもなりました。

　『羅生門』は、黒澤の卓越した演出力だけでなく、それまでの日本映画の作り方を革新した数々のスタッフワークに支えられています。登場人物のそれぞれ食い違う証言が真実を覆い隠してしまう橋本忍の脚本術、ロケーションを活かしあえて太陽にカメラを向けた宮川一夫の斬新な撮影、巨大な羅生門をオープンセットとして造形した松山崇ら美術スタッフの功績、日本の中世の物語にボレロ調の旋律を大胆に組み込んだ早坂文雄の音楽、そのような職能のアンサンブルがこの映画の醍醐味となっています。

　この展覧会では、世界初展示の品も含めてこうした名スタッフの功績の実際をデジタル展示も用いて紹介するほか、それぞれくっきりした人物像を創造した三船敏郎・京マチ子・森雅之・志村喬といった名優にも注目、さらにはヴェネチアでの受賞をめぐる当時の資料やこの映画が世界に与えた影響についても触れています。

2020年9月

主催者

Foreword

Akira Kurosawa's *Rashomon* was released in theaters on August 26, 1950. Although the film was not a major box-office hit in Japan, the artistic ambitions that Kurosawa displayed through it attracted considerable attention. As a result, *Rashomon* earned worldwide acclaim that led to its receiving the Venice International Film Festival's Golden Lion in September 1951 and the Academy Awards' Honorary Award in March 1952. The film put the high standards of Kurosawa's work and, by extension, Japanese cinema as a whole on the international map and became a symbol of the nation's post-war reconstruction.

Rashomon was the product of not only Kurosawa's extraordinary direction but also a supporting staff that brought revolutionary approaches to conventional Japanese filmmaking. Shinobu Hashimoto's masterful screenplay, in which the characters' contradictory accounts mask the truth. Kazuo Miyagawa's innovative cinematography, distinguished by his use of locations and a camera deliberately pointed at the sun. The outstanding work of Takashi Matsuyama and his staff in building the gigantic Rashomon gate on an open set. And the music of Fumio Hayasaka, who boldly wove a bolero melody into a tale set in medieval Japan. The result is an ensemble of professional talents that makes *Rashomon* the masterpiece that it is.

Featuring never-before-displayed items as well as digital exhibits, "*Rashomon* at the 70th Anniversary" will present a true picture of what *Rashomon*'s distinguished production staff accomplished. It will also give attention to the renowned actors who created the film's distinct characters: Toshiro Mifune, Machiko Kyo, Masayuki Mori, and Takashi Shimura. In addition, the exhibition will display contemporary materials from *Rashomon*'s award-winning screening at Venice and consider the film's impact on the world.

September 2020

The Organizers

登場人物は8人だけ！ Only 8 characters in film

多襄丸
三船敏郎（1920-1997）
Tajomaru the bandit by Toshiro Mifune
都に悪名高い盗賊。森の中で金沢夫妻を襲う。取り調べでも豪放な態度を崩さない。

金沢武弘
森雅之（1911-1973）
Takehiro Kanazawa (samurai) by Masayuki Mori
武士。妻と旅をしていたが、死体で発見される。巫女による降霊という形で証言する。

真砂
京マチ子（1924-2019）
Masago (samurai's wife) by Machiko Kyo
金沢の妻。夫とともに山中を旅していたところを多襄丸に襲われ、暴行を受ける。

杣売り
志村喬（1905-1982）
Woodcutter by Takashi Shimura
杣売りとは焚火の木材を売る者。金沢の遺体発見者で、参考人として検非違使庁に出廷。

旅法師
千秋実（1917-1999）
Priest by Minoru Chiaki
殺害される前の金沢を目撃していたため、検非違使庁に呼ばれる。

下人
上田吉二郎（1904-1972）
Commoner by Kichijiro Ueda
羅生門で杣売りと旅法師の話を聞き、杣売りの言葉を偽善だと斬って捨てる。

巫女
本間文子（1911-2009）
Medium by Noriko Honma
検非違使庁に呼ばれて死んだ金沢武弘の霊を呼び込み、証言をする。

放免
加東大介（1911-1975）
Policeman by Daisuke Kato
放免とは検非違使庁で下働きをする者。河原で倒れていた多襄丸を検非違使庁に連行。

※実はラストシーンに赤ちゃんが出演するので正確には9名。
And... a baby as a ninth

1950年8月26日　公開
1951年9月10日　ヴェネチア国際映画祭金獅子賞受賞
1951年10月12日　上記金獅子賞受賞凱旋公開（スバル座）
1952年3月20日　米国アカデミー賞外国語映画賞（当時は名誉賞）受賞
1965年9月11日　再上映（みゆき座）

白黒／スタンダード／88分／2406メートル
製作：大映株式会社（京都）
配給：大映株式会社
現像所：東洋現像所（京都）

スタッフ
製作：箕浦甚吾
企画：本木荘二郎（映画芸術協会）
原作：芥川龍之介「藪の中」より
脚本：黒澤明・橋本忍
撮影：宮川一夫
録音：大谷巌
美術：松山崇
音楽：早坂文雄
照明：岡本健一
編集：西田重雄
装置：山本卯一郎
製作主任：小林利勝
助監督：加藤泰・若杉光夫・田中徳三
撮影助手：本田平三
録音助手：林土太郎
照明助手：中岡源（源権）
美術助手：太田誠一
記録：野上照代
演技事務：中村元次郎
進行：竹内次郎
背景：太田多三郎
装飾：松本春造
美粧：明石悦夫
結髪：花井リツ
衣装：大畠卯一
スチール：浅田延之助
効果：山根正一
擬闘：宮内昌平

目次

ジャケット表1・4　展示no.24:撮影スナップ「羅生門」セットと雨
ジャケット表2　展示no.12:松山崇旧蔵『羅生門』写真アルバム
ジャケット表3　展示no.21:黒澤明から宮川一夫への手紙(1952年)
表紙表・裏　展示no.24:撮影スナップ「羅生門」セットと雨
見返し1・2　展示no.20野上照代による画コンテ

この映画に描かれる王朝末期という時代は、戦乱や天変地異が打ちつづき盗賊の横行し、荒廃した時代で、今の時代にも多分に訴える要素をもっていると思います。そうした時代を背景に私はこの映画で盗賊、美女、その夫、柚売、下人、法師等八人の登場人物の不思議なエゴイズムが生み出した人間の心の葛藤を１ツのモラルに描いてみたいと思います。

人は或は此の映画について非常に乱暴な試みであるというかもしれません。が、しかし私はこう思うのです。どうも日本の映画界は一寸目新しい試みをすると、その危険性を指摘し、折角伸びようとする枝を切ろうとする傾向があるのではないでしょうか。伸びるものは出来るだけ伸ばしてやることが、その本質をよりよく助長する結果となるのではないかと思います。私はこの映画でムツカシイことを云おうとしているのではありません。これはどこにでもあるありふれた話なのです。どうか、この映画をムツカシク見ていただかない事を希望します。

出演している人達は殆ど私の従来の作品に馴染み深い人たちばかりです。お互いに信じあったこのチーム・ワークの結集が、どんなものを生みだすか——グループの力を信頼して出来上がりを楽しみにしています。

黒澤明
[「DAIEI AD BOOK」No.231より]

黒澤明（くろさわあきら）

1910年東京市生まれ。1998年没。1936年にPCL（現東宝）に助監督として入社し、1943年に『姿三四郎』でデビュー。生涯30本の作品を監督し、世界映画史有数の監督として『羅生門』（1950年）、『七人の侍』（1954年）、『乱』（1985年）らの傑作群は世界の映画に影響を与え続けている。米国アカデミー賞、世界３大映画祭等、受賞多数。著書に『蝦蟇の油 自伝のようなもの』（1984年）等。

図版

凡例

本書は2020年から2021年に国立映画アーカイブ、京都府京都文化博物館で開催される
「公開70周年記念　映画『羅生門』展」の展覧会図録である。
掲載品の図版には、展示品番号、展示品名、刊行・発売・制作年、所蔵・協力先の順に和文
と英文で記載した。表記のないものは不明のものである。
収録品、展示品番号および掲載順は、展覧会会場と必ずしも一致しない。
本書に未収録の展示品については、巻末の図版一覧に＊を付して明示した。
掲載品の解説は岡田秀則（国立映画アーカイブ主任研究員）、槙田寿文（黒澤明研究家）
が執筆した。

This book is an exhibition catalog of the "Rashomon at the 70th Anniversary" to
be held at the National Film Archive of Japan and The Museum of Kyoto from
2020 to 2021.
Illustrations of recorded items are listed in Japanese and English in the following
order: exhibit number, exhibit name, publication or release or production year,
collection or cooperated partner. Those without a notation are unknown.
The recorded items, exhibit numbers and order of publication do not always
match the exhibition venue. Exhibits not included in this book are clearly indicated
by adding ＊ to the list of exhibits at the end of the book.
Description of exhibits was written by Hidenori Okada(Curator, National Film
Archive of Japan) and Toshifumi Makita(Scholar of Akira Kurosawa).

第1章
企画と脚本
Chapter 1: Planning and Script

映画『羅生門』のベースとなる原作は芥川龍之介の短篇小説「藪の中」であり、橋本忍の当初の脚色案では侍の殺害という事件と、事件の関係者や死体の目撃者がそれぞれ食い違った証言をするという構造のみに焦点が当たっていた。しかし企画作りの途中で、その筋立てを語る舞台背景として、同じ芥川の若き日の短篇「羅生門」が導入された。本章ではこの脚本が生まれるまでの過程を追う。

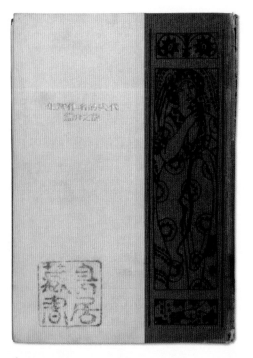

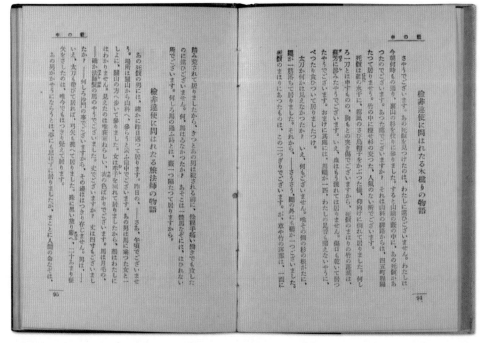

1
芥川龍之介「藪の中」[『将軍』(1922年)所収]
Ryunosuke Akutagawa, "Yabu no naka [In a Grove]", in *Shogun*, 1922

初出は『新潮』1月号（1922年）で、初刊はここに展示されている『将軍』である。殺人と暴行という同一の事件をめぐる4人の目撃者と3人の当事者の証言の集合として書かれているが、それぞれの言い分が矛盾しているために真相が捉えにくくなるよう構築されている。だが橋本忍のシナリオでは4人の目撃者は消え、証言するのは当事者と杣売り（「藪の中」では木樵り）のみとなった。

日本近代文学館所蔵
Collection of The Museum of Modern Japanese Literature

3
羅城門（羅生門）復元模型写真
Photo of Rajomon (Rashomon)
gate miniature

羅生門のモデルとなったのは、平安京の南端
に立っていた都の正門たる「羅城門」である。
中世からは「羅生門」との表記が一般的に
なった。この復元模型は京都府京都文化博
物館で展示されている。

協力　京都府京都文化博物館
Cooperation of The Museum of Kyoto

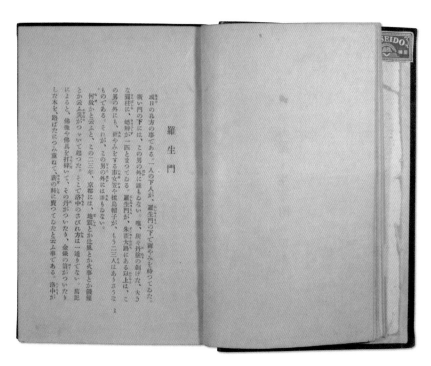

2
芥川龍之介「羅生門」［『羅生門』（1917年）所収］
Ryunosuke Akutagawa, "Rashomon", in *Rashomon*, 1917

「羅生門」は1915年に「帝国文学」に発表された若き芥川の作品で、「藪の中」より発表は7年も早い。
「羅生門」を発表した前後の芥川は文芸誌「新思潮」の同人で、「帝国文学」への原稿持ち込みも行って
いた。本作は、主人公である下人が、死体の髪を抜く老婆を見て"悪"に目覚めるという物語だが、映画へ
は大雨の降る羅生門という舞台装置だけが導入され、むしろ黒澤流の人間讃歌の場として活用された。

日本近代文学館所蔵
Collection of The Museum of Modern Japanese Literature

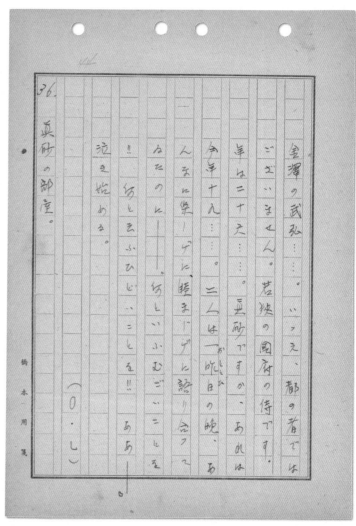

シナリオ『羅生門』の誕生

　脚本家を志して伊丹万作に師事していた橋本忍は、伊丹没後の1947年初頭、芥川龍之介の「藪の中」をもとに「雌雄」を書いた。伊丹は遺志として、同じ門下の佐伯清が橋本の世話をするよう指示しており、「雌雄」は佐伯に預けられた。1948年、橋本は預けたシナリオを黒澤に読んでもらうよう佐伯に依頼、翌年には製作の本木荘二郎から「雌雄」の映画化について打診を受け、黒澤と初めて対面する。黒澤は、脚本の短さから加筆を橋本に依頼、ここで「藪の中」に「羅生門」を付け足すというアイデアが生まれた。その時書かれた「羅生門物語」には、後の映画にはないいくつものシーンが含まれていたが、黒澤はこれに満足せず、橋本の体調不良もあり、最終的に黒澤が伊豆の旅館にこもって単独で決定稿を完成させた。

橋本忍（はしもとしのぶ）

1918年兵庫県生まれ。2018年没。伊丹万作監督に師事した後、『羅生門』（1950年）でデビュー。『生きる』（1952年）、『七人の侍』（1954年）など一連の黒澤作品や『切腹』（1962年）、『砂の器』（1974年）等70本以上を執筆し日本を代表する脚本家となる。また『私は貝になりたい』（1959年）など3本の映画を監督（兼脚本）している。著書に『複眼の映像——私と黒澤明』（2006年）。

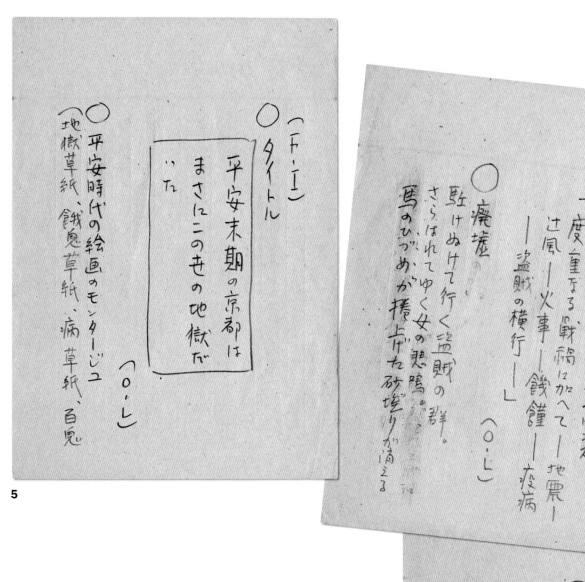

5

○タイトル
平安末期の京都は
まさにこの世の地獄だ
った
（F・I）

○平安時代の絵画のモンタージュ
（地獄草紙、餓鬼草紙、病草紙、百鬼
（O・L）

○飛行図、その他いろくな戦絵巻から
それにかぶせて、音楽とアナウンス。
「度重なる戦禍に加へて—地震—
辻風—火事—飢饉—疫病
—盗賊の横行—」

○廃墟。
駈けぬけて行く盗賊の群。
さらばれてゆく女の悲鳴。
馬のひづめが捲上げた砂埃りが消える
（O・L）

○道
叩きつける様な雨足。
その中を藁草履をつゝかけた足が走
り過ぎる。

○羅生門
その雨で煙った全景。
藁草履の下人、その中へ走り込んで行く。
羅生門と書かれた扁額の下で、びし
よぬれの烏帽子をしぼって、顔の水も
拭く。

11

4, 5
橋本忍「羅生門物語」本体［デジタル展示］
「羅生門物語」黒澤監督のメモ［デジタル展示］
Shinobu Hashimoto's manuscript of *Rashomon monogatari*
[Rashomon Story]
Akira Kurosawa's notes in *Rashomon monogatari*

黒澤が『羅生門』の冒頭部分を試し書きしている貴重な資料。「○タイトル『平安末期の京都はまさにこの世の地獄だった』『度重なる戦禍に加えて—地震—辻風—火事—飢饉—疫病—盗賊の横行—』」は、『七人の侍』の冒頭のタイトル「戦国時代—あいつぐ戦乱と、その戦乱が生み出した、野武士の横行」と「ひづめの轟が、良民の、恐怖の的だった、—その頃」を想起させる。また「○廃墟　駆けぬけて行く盗賊の群。さらばれてゆく女の悲鳴。馬のひづめが捲上げた砂埃り…」の部分は『七人の侍』の冒頭のカットを彷彿とさせる。黒澤は各作品の創作ノートにさまざまなイメージを何度も記しており、これらも『羅生門』創作時のイメージが『七人の侍』に具象化されたのであろう。

黒澤プロダクション協力
Cooperated by Kurosawa Production Inc.

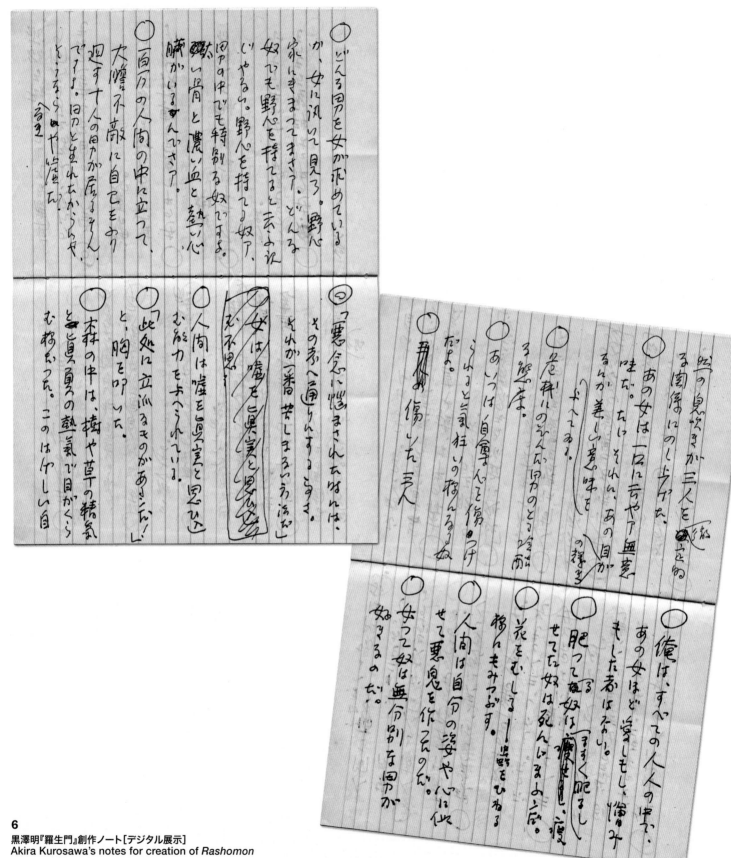

6

黒澤明『羅生門』創作ノート［デジタル展示］
Akira Kurosawa's notes for creation of *Rashomon*

『羅生門』への直接的言及は少ないが、人間や男女の心の裡やエゴについての表現が多い。どの作品でも黒澤のメモには、
登場人物の胸の裡なのか黒澤本人の心中なのか区別のつかない表現が多いという特徴がある。

黒澤プロダクション協力
Cooperated by Kurosawa Production Inc.

脚本分析
——「羅生門物語」から『羅生門』へ

　「雌雄」の段階で、殺された武弘（森雅之）の人となりを証言する人物として「真砂の母親」の役が存在し、それは「羅生門物語」にも引き継がれた。また「羅生門物語」の段階で加えられたのが、杣売り（志村喬）の家族である。このシナリオでは、夫がもっと働くよう急かす妻や、子沢山の貧しさまで橋本は描いていたが、映画では6人の子持ちであることがセリフで明かされるだけになった。さらに黒澤によって削ぎ落とされたのが、検非違使庁の庭に武弘の死骸が置かれる設定や、武弘・真砂の新婚生活、2人が旅に出た理由の説明などだが、ここを略することで事件そのものの探究により焦点が定まった。一方で「藪の中」だけの人物だった旅法師が羅生門のシーンにも登場し、2つの物語の橋渡しをするといった変化も見られる。

　また『羅生門』という題名についても、公開までにいくつかの変遷があった。橋本忍が「雌雄」とした脚本は黒澤の要請を受けて橋本自身による「羅生門物語」となり、決定稿は黒澤が単独で書いたが、題名は未定であった。その証拠として当時のメインスタッフやキャストが所持していた台本の題名欄は空白であり（今回の展示台本すべてに共通）、表紙に『羅生門』とあるものは後日足したものと思われる。さらに「羅生門物語」と映画『羅生門』の間には「篋牟子」（展示No.36）と「盗賊と美女」（あるいは「美女と盗賊」）という題名も検討されていた。

「羅生門物語」から『羅生門』へ―― ストーリー比較

ストーリー展開		羅生門物語	羅生門
❶ 羅生門（出会い）			
■ 雨の羅生門の様子		○赤児の泣声	○
■ 出会い（事件の語り手・聞き手）		○杣売り、下人	○杣売り、旅法師、下人
❷ 杣売りの回想			
■ 山麓の自宅と暮らしぶり（妻と7人の子）		○	×
■ 山中で死体発見		○（10日前）	○（3日前）
❸ 検非違使庁での証言			
■ 杣売り	死体・残留物の様子	○	○
■ 旅法師	武弘・真砂夫妻の目撃	○	○
■ 放免	多襄丸の捕縛	○	○
■ 真砂の母	武弘・真砂の関係、武弘の素性	○	×
■ 多襄丸	過去の悪行の正当化、女性観	○	×
	武弘・真砂との遭遇～犯行完遂	○凌辱場面（真砂の手）	○凌辱場面（接吻）
❹ 羅生門（真砂の行方について回想）		○杣売り	○旅法師
❺ 検非違使庁での証言			
■ 真砂	林へ入る直前の武弘の様子と行動への不安	○	×
	多襄丸による凌辱、武弘刺殺、自殺未遂、徘徊	○	○
❻ 放免による巫女への依頼（武弘の霊の呼び寄せ）		○	×
❼ 検非違使庁での告白			
■ 金沢武弘（巫女の口）	多襄丸の誘いに乗った背景	○	×
	多襄丸に対する埋蔵品横領の企てと失敗	○	×
	眼前での真砂の凌辱	○	○
	多襄丸になびく真砂、武弘の絶望	○	○
	多襄丸・真砂の逃亡、武弘自刃	○自分で短刀を抜く	○誰かが短刀を抜く
❽ 羅生門（論争）			
■ 下人による杣売りへの疑惑追及		×	○
❾ 新たな証言			
■ 杣売り	真砂の変身と嗾しによる多襄丸・武弘の死闘	×	○
	武弘刺殺、真砂逃亡		
❿ 羅生門（赤児を巡る論争、救済）			
■ 赤児の衣服を剥ぐ下人、止めようとする杣売り		○杣売りが銅銭を投げつける	○下人が杣売りの行動を非難
■ 赤児を抱く旅法師		×	○
■ 旅法師の杣売りへの誤解氷解と人間信頼の回復		×	○
■ 赤児を引き取る杣売り		○	○旅法師が見送る

堀伸雄氏作成

芥川原作・脚本「羅生門物語」・決定稿『羅生門』―― 登場人物比較

		芥川龍之介原作		橋本忍脚本		決定稿	映画本編
		「藪の中」	「羅生門」	「雌雄」（推定）※1	「羅生門物語」	「羅生門」	「羅生門」
	総人数	8人	2人	8人	12人	9人	9人
登場人物	多襄丸	○	－	○	○	○	○
	真砂	清水寺に来れる女	－	○	○	○	○
	金沢武弘	○	－	○	○	○	○
	杣売り	木樵り	－	木樵り	○	○	○
	旅法師	○	－	○	○	○	○
	放免	○	－	○	○	○	○
	下人	－	○	－	○	○	○
	巫女	○	－	死霊の巫女	○	○	○
	赤ん坊	－	－	－	○	○	○
	真砂の母	嫗（おうな）	－	○（検非違使庁で死体が娘の夫・武弘である旨を証言。真砂の探索を嘆願。武弘の身元や二人が新婚であることがわかる。若狭に旅立つ二人を見送る。武弘の人物描写のシーンに繋がる。）	○	－	－
	杣売りの妻	－	－	○（7人の子沢山の貧困家族。夫の杣売りに、早く山へ入り、京で売る薪をとるよう急かせる。）	○	－	－
	杣売りの子供達	－	－	－	○ ※2	－	－
	老婆	－	○	－	－	－	－

（注）※1「雌雄」は橋本忍『複眼の映像―私と黒澤明』（文藝春秋、2006年）27～37頁の記述に基づき推定。
※2 子供は7人だが、本資料では1人とカウントした。

堀伸雄氏作成

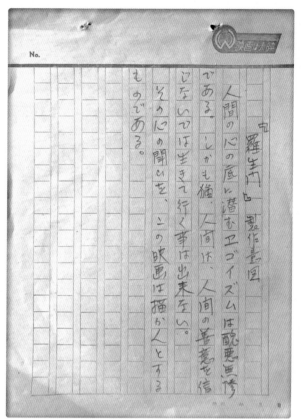
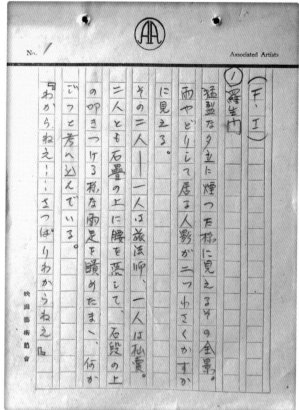

7

『羅生門』企画シナリオ
Planning script for *Rashomon*

『羅生門』の企画を大映に売り込んだのは『素晴らしき日曜日』以来すべての黒澤作品のプロデューサーである本木荘二郎だった。黒澤は本木を「脚本（ホン）の読めるプロデューサー」として絶大な信頼を置いていた。東宝争議後、黒澤は山本嘉次郎、成瀬巳喜男、谷口千吉、本木らと映画芸術協会として活動、本木が各監督の企画を同協会のユニットとして東宝以外の各映画会社に売り込んだ。この資料は、本体が映画芸術協会の原稿用紙に書かれており、極めて貴重である。また冒頭の「製作意図」は大映の原稿用紙に本木の直筆で書かれている。題名欄は白紙であり、『羅生門』は決定稿の原稿段階では無題であったことが判る。この後本木は、製作を渋る大映首脳陣を前に、伝説となっている一世一代の脚本（ホン）読みを行い、見事に売り込みに成功した。

東映太秦映画村・映画図書室所蔵
Collection of Toei Kyoto Studio Park Movie Library

8

本木荘二郎旧蔵『羅生門』台本
Script for *Rashomon*,
formerly owned by Sojiro Motoki

企画段階の台本で、まだ題名やスタッフ・キャストの欄は空欄であったが、本木が手書きで「羅生門」と書き加えている。

国立映画アーカイブ所蔵（本木荘二郎コレクション）
Sojiro Motoki Collection of NFAJ

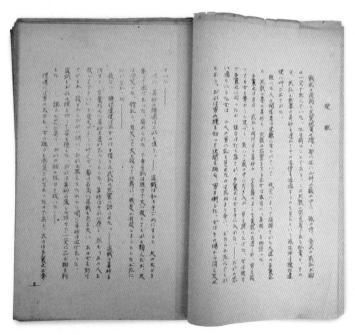
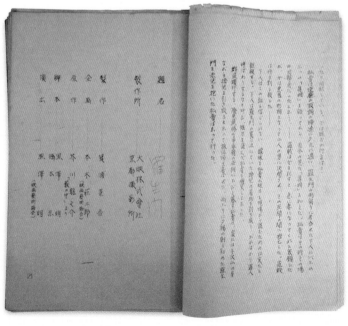

9
「中日映画新聞」1950年7月15日号　「『羅生門』製作前記」
Akira Kurosawa, "Before shooting Rashomon",
Chunichi Eiga Shimbun, July 15, 1950.

槙田寿文氏所蔵
Collection of Toshifumi Makita

10
単行本『シナリオ 羅生門』（1952年）
Script book of *Rashomon*

ヴェネチア国際映画祭受賞翌年に発行されたシナリオだが、解説を小津安二郎映画の脚本家野田高梧が執筆しているのが興味深い。野田はこの脚本の四重ともいえる時間構造に注目し、淡々と「様式的であり、観念的である」と分類している。

槙田寿文氏所蔵
Collection of Toshifumi Makita

シナリオ読後感 [帝国劇場特別有料試写会プログラムより]

大変おもしろく拝見いたしました。
黒澤明氏ならばこのシナリオに数倍する面白い作品に
してみせて下さることと存じます。
　　　　　　　　　　　　田宮虎彦 (小説家)

「羅生門」のごとき文芸のかおりのたかい作品の映画化を
喜ばしく思います。上映の日が待たれます。
　　　　　　　　　　　　佐佐木信綱 (歌人)

芸術的な感激を覚えました。終りの所の雨だれに
薄日がさしてくるところよろしく候。
　　　　　　　　　　　　高橋新吉 (詩人)

良心的な作品だと思います。こういう日本映画が出来るのは賛成です。
しかし「藪の中」と「羅生門」の結びつけ方はお終いの方が
少し無理だとおもいます。
もっともこういうスケプチックな題材は視覚に訴える芸術には
むづかしいのですが──。
　　　　　　　　　　　　円地文子 (小説家)

むづかしいテーマをよくこれまでまとめたものと敬服しました。
ただ (これは原作でもそうなっていますが)
「二人の男に恥を見せるのは死ぬより辛い」という一点が
現代人の考え方からいってズレがあるようで
切実感に乏しいと思います。
　　　　　　　　　　　　山内義雄 (フランス文学者)

第2章
美術
Chapter 2: Production design

ロケーション撮影に重きをおく『羅生門』にあって、美術部の仕事として圧倒的な存在感を示したのは、強い雨の打ちつける、くずおれた「羅生門」のオープンセットである。大映京都撮影所の敷地内に建てられたこのオープンセットは間口33m、奥行き22m、高さ20mに及ぶ大きさを誇る。なおこの作品において制作されたセットは、この門と、人物たちを取り調べる検非違使庁の白洲だけである。

11
『羅生門』扁額の再現画
Reproduction painting of Rashomon gate tablet

映画のオープニングでは「羅生門」と書かれた扁額がそのままタイトルとして使われている。扁額の大きさは高さ約120cm、幅は約215cm。ヴェネチアでの受賞を記念して、撮影の宮川一夫が大映社長永田雅一から譲り受け、現在は遺族が管理している。書は、大映や東映京都作品で絵や書、題字などを手がけた宇野正太郎（1905-1995）によるもの。大映では溝口健二、衣笠貞之助、伊藤大輔らによる時代劇の装飾や題字を手がけた。この展示品は映画のホリゾント画を手がける山崎背景による再現品。

制作　山崎背景
提供　日本映画・テレビ美術監督協会
Created by Yamazaki-Haikei
Presented by Association of Production Designers in Japan

15

「毎日グラフ」1950年8月1日号 「再建『羅生門』」
"Reconstruction of Rashomon",
Mainichi Graph, August 1, 1950

「羅生門」オープンセットの建設を報じている。約1か月をかけ、延べ2000人を動員したこと、「延暦十七年」と彫り込んだ約4000枚の瓦を木で作らせたことなどが報じられている。巨大なホリゾントを背後から捉えた写真も貴重。

槇田寿文氏所蔵
Collection of Toshifumi Makita

16

「アサヒグラフ」1950年8月2日号
「ごらく地帯 映画 羅生門」
"Entertainment zone : Rashomon",
Asahi Graph, August 2, 1950

槇田寿文氏所蔵
Collection of Toshifumi Makita

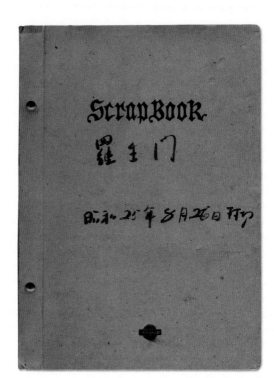

12
松山崇旧蔵『羅生門』写真アルバム
Photo album of *Rashomon*, formerly owned by Takashi Matsuyama

美術監督松山崇旧蔵の写真アルバム。前半はロケーション・ハンティングでの撮影写真、後半は「羅生門」セットの建設が記録されている。「羅生門」のセットを構築するにあたり、京都は東寺の南大門や東福寺の三門を参考にしたことが分かり、松山自身も、建築様式が酷似している東寺の門に教えられるところが大だったと述べている。

玉川大学 教育学術情報図書館所蔵
Collection of Tamagawa University Library and Multimedia Resource Center

松山崇旧蔵『羅生門』写真アルバム
Photo album of *Rashomon*, formerly owned by Takashi Matsuyama

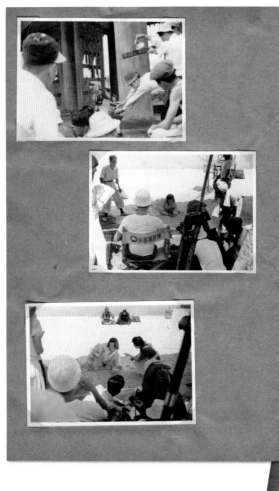

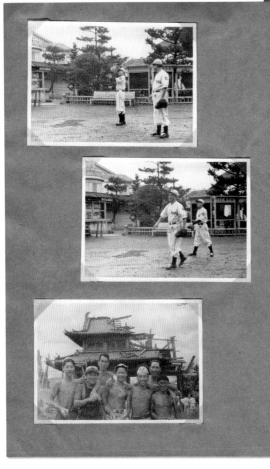

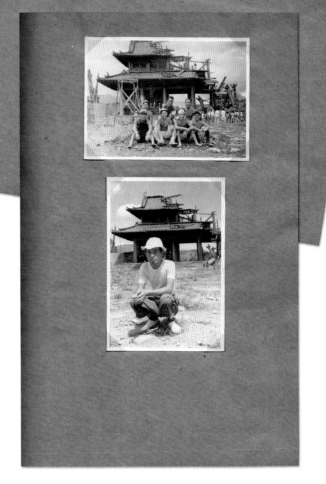

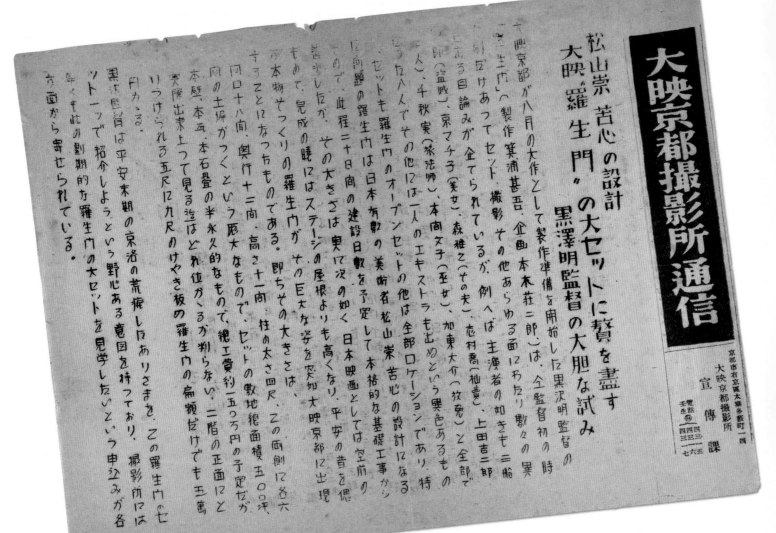

松山崇 苦心の設計
大映"羅生門"の大セットに贅を盡す
黒澤明監督の大胆な試み

大映京都が八月の大作として製作準備を開始した黒沢明監督の「羅生門」（製作箕浦甚吾・企画本木荘二郎）は・全監督初の時代劇だけあってセット・撮影その他あらゆる面にわたり数々の異色ある目論みが企てられているが、例へば主演者の如き三船敏郎（盗賊）、京マチ子（美女）、森雅之（その夫）、志村喬（杣売）、上田吉二郎（下人）、千秋実（旅法師）、本間文子（巫女）、加東大介（放免）と全部での他にエキストラも止むという異色あるものの一人で、セットも羅生門のオープンセットの他は全部ロケーションであり、特に問題の羅生門は日本有数の美術者松山崇苦心の設計に成る本格的な基礎工事から

このセットも羅生門のオープンセットの他は全部ロケーションであり、特に問題の羅生門は日本有数の美術者松山崇苦心の設計に成る本格的な基礎工事から十二間の建設日数を予定して本格的な基礎工事から十二間の建設日数を予定して日本映画としては空前のもので、この程二十日向の建設日数を予定している。その大きさは実に次の如く日本映画としては空前の羅生門がその巨大な姿を突如大映京都に出現平安の昔を偲び

まかて、完成の暁にはステージの屋根よりも高くなり、平安の昔を偲び本物そっくりの羅生門がその巨大な姿を突如大映京都に出現
するとに　なったものである。
即ちその大きさは、
間口四十八間・奥行十二間・高さ十一間・柱の太さ四尺、乙の両側に各六向の土堀がつくという厖大なもので、セットの敷地繩面積五〇〇坪・工費約一五〇万円の予定だが本壁・本瓦・本石畳の半永久的なもので、縄工費約一五〇万円の予定だと二階の正面にどれ位かるが判らない。二階の正面に実際出来上って見る迄はどれ位かるが判らない、本物の羅生門の扁額だけでも五萬

実際出来上って見る迄はどれ位かるが判らない、本物の羅生門の扁額だけでも五萬円かる。
この羅生門にとりつけられる五尺に九尺のけやき板の羅生門の扁額だけでも五萬円かる。
黒沢監督は平安末期の京洛の荒廃したありさまをセットで紹介しようという野心ある意図を持っており、撮影所には奇々しくもこの割期的な羅生門の大セットを見学したいという申込みが各方面から寄せられている。

13
「大映京都撮影所通信」（1950年）
Daiei Kyoto Studio News, 1950

槙田寿文氏所蔵
Collection of Toshifumi Makita
©KADOKAWA 1950

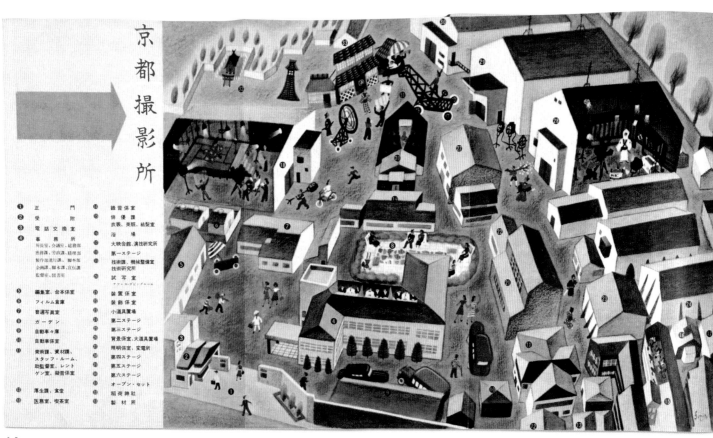

京都撮影所

① 正門	⑭ 録音保室
② 受附	⑮ 俳優課
③ 電話交換室	衣裳、美粧、結髪室
④ 事務所	⑯ 浴場
所長室、会議室、総務部	⑰ 大映会館、演技研究所
恵務課、労政課、経理部	⑱ 第一ステージ
製作部進行課、脚本部	⑲ 技術課、機械整備室
企画部、脚本課、宣伝課	技術研究所
監督室、図書室	⑳ 試写室
⑤ 編集室、台本保室	アフレコ・ダビングルーム
⑥ フィルム倉庫	㉑ 装置保室
⑦ 普通写真室	㉒ 装飾保室
⑧ ガーデン	㉓ 小道具置場
⑨ 自動車々庫	㉔ 第二ステージ
⑩ 自動車保室	㉕ 第三ステージ
⑪ 美術課、資材課、	㉖ 背景保室、大道具置場
スタッフ・ルーム、	㉗ 照明保室、変電所
助監督室、レント	㉘ 第四ステージ
ゲン室、撮音保室	㉙ 第五ステージ
⑫ 厚生課、食堂	㉚ 第六ステージ
⑬ 医務室、喫茶室	㉛ オープン・セット
	㉜ 稲荷神社
	㉝ 製材所

14

大映京都撮影所 マップと各施設写真
Daiei Kyoto Studio, map and its facilities

『大映十年史』（1951年）からの抜粋。羅生門のオープンセットは、撮影所の北側に、南に向かって建てられた。そして羅生門の南側に検非違使庁の白洲のオープンセットが制作された。有名な完成直前の2度の火事騒ぎは、最初が第2ステージ、次がダビングルームで起きた。黒澤監督は即座にネガフィルムの避難をスタッフに命じ、作品は焼失から守られた。

国立映画アーカイブ所蔵
Collection of NFAJ
©KADOKAWA

第3章
撮影と録音
Chapter3: Filming and Recording

『羅生門』の撮影では、それまでの日本映画にはない型破りのテクニックが駆使された。自然光を生かすためにレフ板を使わず鏡を使ったり、当時はタブーとされた太陽に直接カメラを向けたりするなどの手法で、モノクロ映像の美を大胆に推し進めた。また録音については、ロケーション撮影のシーンはアフレコという当時の常識に反して、森の中でも同時録音が行われた。

17
ロケーション現場の現在
Location sites now

（上）京都光明寺横の雑木林。3人のドラマが繰り広げられる場所のロケ地であるが、70年前の撮影時と同じ7月に訪れると当時の雰囲気を感じることができる。

（下）京都光明寺附近の竹林。旅の僧が金沢武弘・真砂とすれ違うシーン「山科の駅路」が撮られた。今も当時の面影が残っている。

2020年7月12日 槙田寿文氏撮影
Photographed by Toshifumi Makita on July 12, 2020

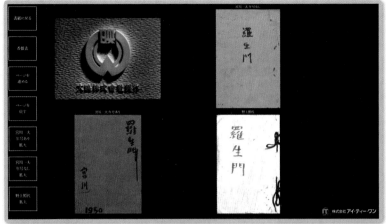

©KADOKAWA 1950

撮影台本の比較分析──野上照代と宮川一夫

『羅生門』についてはスタッフやキャストによる数点の使用台本が現存しているが、中でも野上照代（スクリプター）と宮川一夫（撮影）の台本は、実際の現場での撮影の進め方を証言する重要な資料である。

		宮川一夫の撮影台本 （年号なし） 下図：b
宮川一夫の撮影台本 （年号あり） 下図：a		野上照代の撮影台本 下図：c

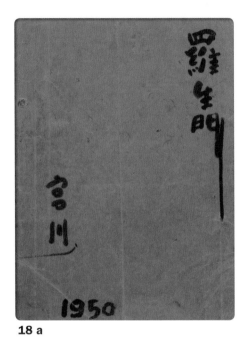

18 a

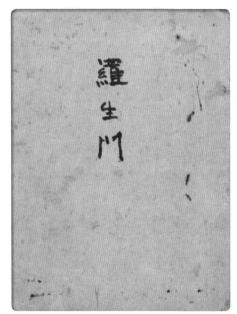

18 b

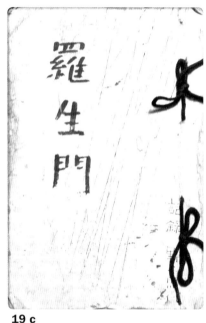

19 c

18
宮川一夫の撮影台本［デジタル展示］
Rashomon script used by Kazuo Miyagawa

宮川一夫の使用台本は、表紙に「1950」の年号あり（a）と年号なし（b）の2種類がある。現場では主に年号なし台本を使っていたと推測できる。年号入り台本は、題名も『羅生門』としっかり入っており、撮影後期の台本と推定される。年号なし台本には、コンテなどの書き込みはそれほど多くないが、シーン28のような重要なシーンでは細かなカット割りが記録されている。

宮川一郎氏所蔵
Collection of Ichiro Miyagawa

19
野上照代の撮影台本［原本＋デジタル展示］
Rashomon script used by Teruyo Nogami

『羅生門』はスクリプター野上照代が黒澤作品に初めて参加した作品である。この台本は、香盤表、衣装合わせ時のデザイン、台本本体、宮川一夫の撮影覚え書きの一部（後年に追加したと思われる）で構成されており、香盤表から奈良の奥山、光明寺近辺、光明寺横でどのシーンが撮られたかも確かめられる。また野上直筆の衣装合わせのデザインには色も書かれている。最後の宮川の覚え書きを見ると、6月26日クランクイン、7月7日から奈良の奥山、7月17日から京都光明寺で撮影、8月17日にクランクアップしている。台本本体の記号は「C」が各シーンのカット番号、「M」が音楽番号を意味するが、「T」がトラック番号なのか、そのカットのテイク数なのか、映画全体のOKテイク数を意味するのかなど、読み解けていない点もある。

野上照代氏所蔵
Collection of Teruyo Nogami

宮川一夫（みやがわかずお）

1908年京都府生まれ。1999年没。1926年に現像部助手として日活入社。1935年『お千代傘』でキャメラマンとしてデビュー。1943年大映移籍。『羅生門』（1950年）、『雨月物語』（1953年）の美しい映像が海外でも絶賛され世界的キャメラマンの地位を確立する。流麗なキャメラワークと実験精神が生み出す映像美はフリーとなっても健在であり、1970年代以降も『はなれ瞽女おりん』（1977年）、『瀬戸内少年野球団』（1984年）らの名作を残した。

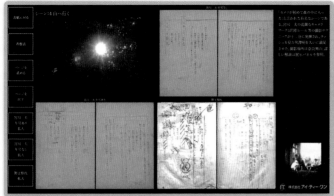

シーン4、5

「カメラが初めて森に入った」と言われた有名なシーンである。宮川一夫の流麗なキャメラワークと円形レール等の撮影テクニックが十二分に発揮され、ラッシュを見た黒澤明を大いに満足させた。撮影場所は奈良奥山。詳しい解説は展示パネル（p.28）を参照。

18 a

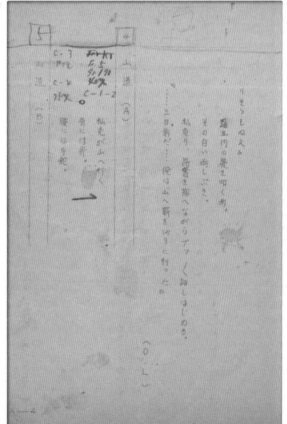

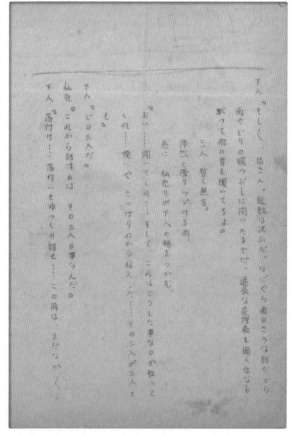

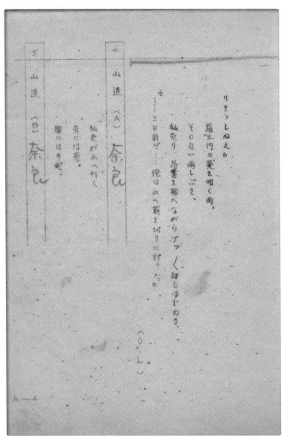

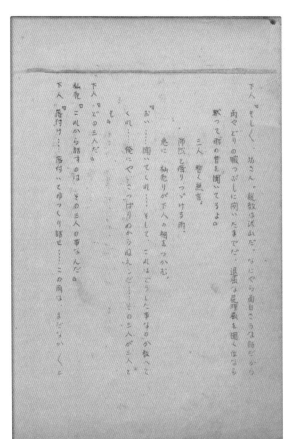

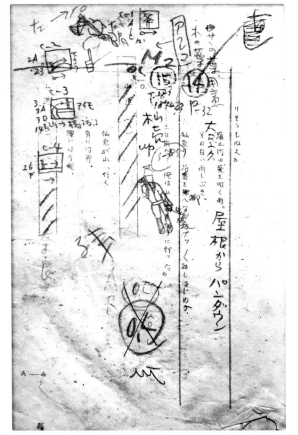

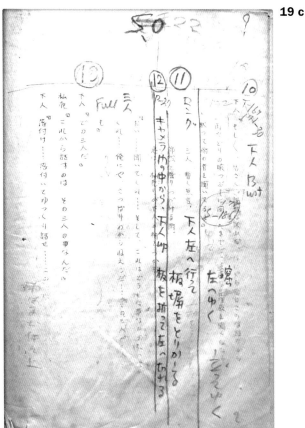

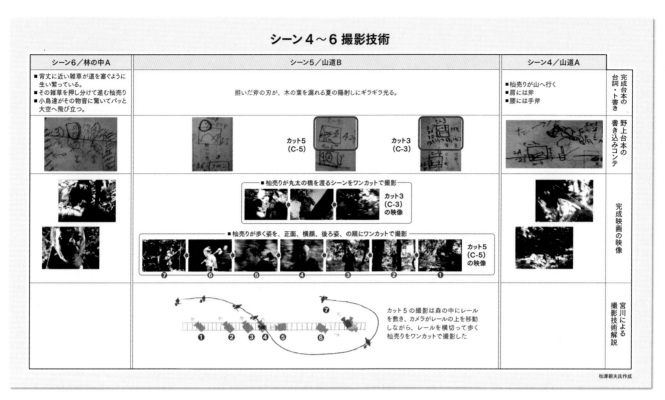

シーン4〜6 撮影技術

シーン6／林の中A	シーン5／山道B		シーン4／山道A	
■背丈に近い雑草が道を塞ぐように生い繋っている。 ■その雑草を押し分けて進む杣売り ■小鳥達がその物音に驚いてパッと大空へ飛び立つ。	担いだ斧の刃が、木の葉を漏れる夏の陽射しにギラギラ光る。		■杣売りが山へ行く ■肩には斧 ■腰には手斧	完成台本の台詞・ト書き
	カット5 (C-5)	カット3 (C-3)		野上台本の書き込みコンテ
	■杣売りが丸太の橋を渡るシーンをワンカットで撮影 カット3 (C-3)の映像 ■杣売りが歩く姿を、正面、横顔、後ろ姿、の順にワンカットで撮影 ⑦ ⑥ ⑤ ④ ③ ② ① カット5 (C-5)の映像			完成映画の映像
⑦ ❶❷❸❹❺ ❻	カット5の撮影は森の中にレールを敷き、カメラがレールの上を移動しながら、レールを横切って歩く杣売りをワンカットで撮影した			宮川による撮影技術解説

松澤朝夫氏作成

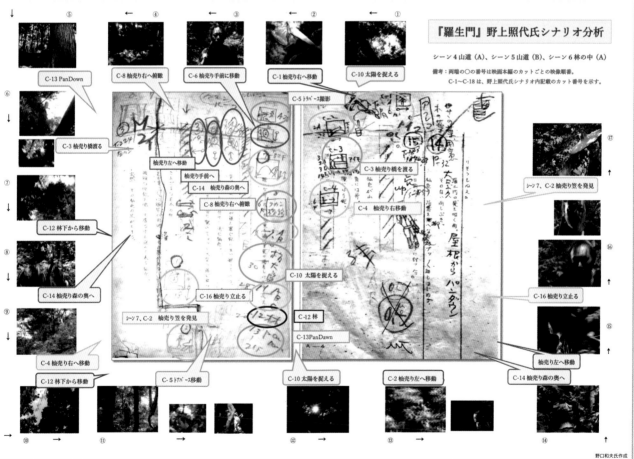

『羅生門』野上照代氏シナリオ分析

シーン4 山道 (A)、シーン5 山道 (B)、シーン6 林の中 (A)

備考：両端の○の番号は映画本編のカットごとの映像順番。
C-1〜C-18は、野上照代氏シナリオ内記載のカット番号を示す。

⑤ C-13 PanDown
④ C-8 杣売り右へ俯瞰
③ C-6 杣売り手前に移動
② C-1 杣売り右へ移動
① C-10 太陽を捉える

C-5 トラバース撮影

C-3 杣売り橋渡る
⑥
⑦
⑧
⑨

杣売り左へ移動
C-14 杣売り森の奥へ
杣売り手前へ
C-8 杣売り右へ俯瞰
C-3 杣売り橋を渡る
C-4 杣売り右移動

C-13 PanDown
C-12 林下から移動
C-14 杣売り森の奥へ
C-4 杣売り右へ移動

C-16 杣売り立止る
C-10 太陽を捉える
C-12 林

シーン7、C-2 杣売り笠を発見
C-13 PanDawn

⑰ シーン7、C-2 杣売り笠を発見
⑯ C-16 杣売り立止る
⑮ 杣売り左へ移動
⑭ C-14 杣売り森の奥へ

⑩ C-12 林下から移動
C-5 トラバース移動
⑪ C-10 太陽を捉える
⑫ C-10 太陽を捉える
⑬ C-2 杣売り左へ移動

野口和夫氏作成

シーン4〜6

杣売りが、事件目撃の回想として深い森を分け入ってゆく冒頭近くのシーン。杣売りは、山道を右方向に進んだ後、徐々に森の中へ入り込み、右へ左へと縦横に歩いてゆく。宮川は森の中にキャメラ移動用のレールを敷かせ、杣売り役の志村喬にレールをまたぐように歩かせながら、キャメラで追うことでダイナミックな画面を実現した。映画では17のショットからなるが、台本上のカット番号 (C-1からC-18) とは大きく順序が異なることから、撮影順に編集していないことが分かり、また使われなかったカットもある。

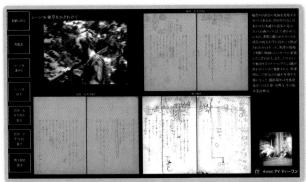

シーン6

杣売りが武弘の死体を発見するカットであるが、宮川年号なし台本には台本通りに武弘の足のカットが画コンテとして書かれているが、実際に撮られたカットは武弘の両手が空に向かって伸ばされたカットだった。黒澤が現場で判断し映画らしいカットに変更したと思われる。また、このカットの杣売りのライティングには鏡が使われていると類推される。黒澤明はこの作品から鏡を多用する様になった。撮影場所は、武弘の死体発見場所は京都・光明寺、その他は奈良奥山。

©KADOKAWA 1950

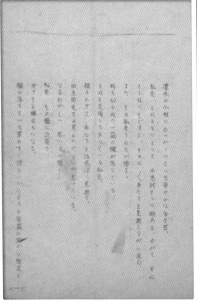
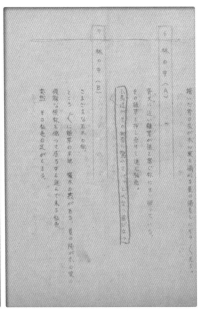

18 a

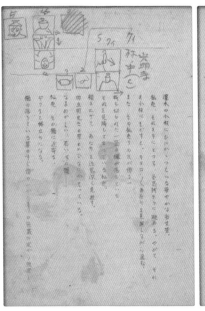
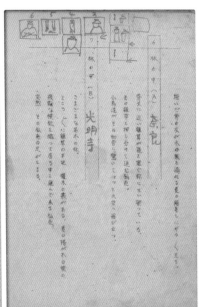

18 b

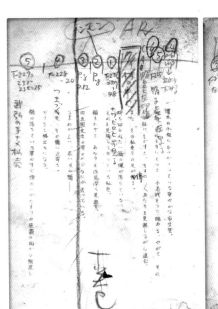

19 c

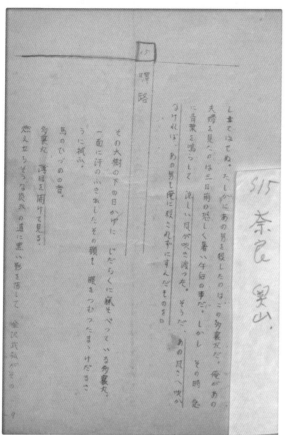 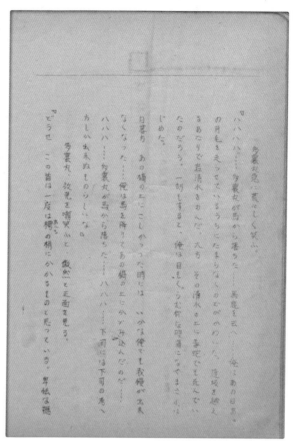

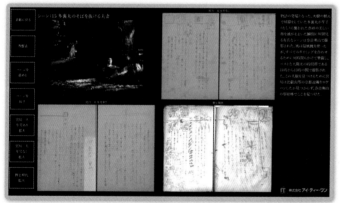

シーン15
物語の発端となった、大樹の根元で昼寝をしていた多襄丸が、牟子（むし）に覆われた真砂の美しい顔を風がそよいだ瞬間に垣間見る有名なシーンは奈良奥山で撮影された。風は扇風機を使ったが、すべてのタイミングを合わせるために何時間もかけて準備し、ベストな太陽光の時間帯である11時から13時の間で撮影された。この大樹を見つけるために宮川は比叡山等の京都近隣をロケハンしたが見つからず、奈良奥山の原始林でここを見つけた。

この映画に出てくる美女、夫、盗賊の三人が語る三つの話を違った色にしたいのは、
キャメラマンとして当然の事である。
主な場面のうち、森の中は黒（影）、検非違使庁は白、
羅生門は鼠（ハーフトーン）と、はっきり分けたい。

宮川一夫［帝国劇場特別有料試写会プログラムより］

18 b

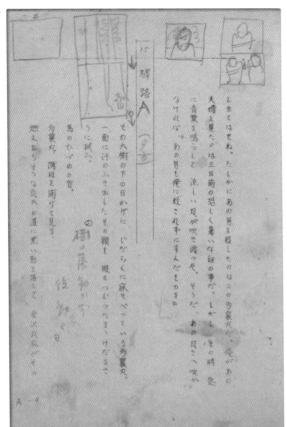

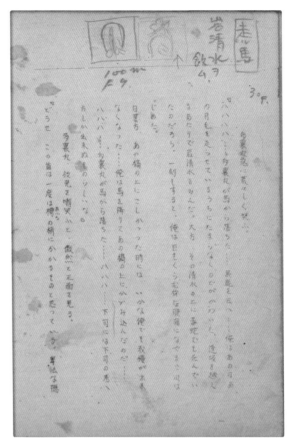

19 c

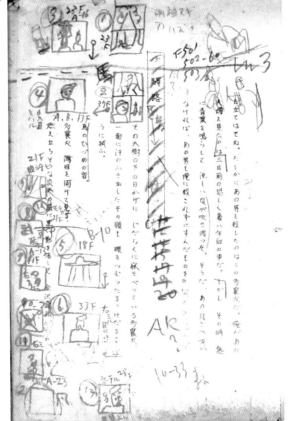

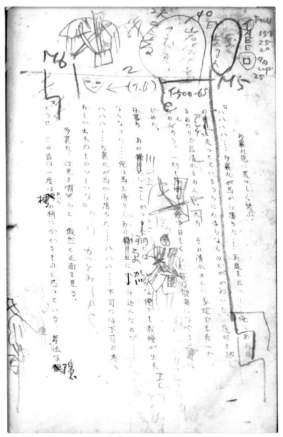

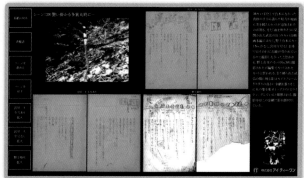

シーン28

28カット目として台本になかった真砂の手から
落ちた短刀が地面に突き刺さるカットが追加さ
れたのが判る。また「血を吹きそうに見開かれた
武弘の目」のカットは映画本編にはなく、野上台
本にカットNo.がなく、宮川年号なし台本ではそ
の行に赤線が引かれているので撮影しなかった
と思われる。野上台本のカットNo.30は撮影さ
れたが編集でカットされたと思われる。また縛ら
れた武弘の顔に映る影はカメラフレームぎりぎ
りの高さに金網を張りそこに木の葉を乗せトップ
ライトでライティングしていると類推される。撮
影中はこの金網で影を創り出していた。

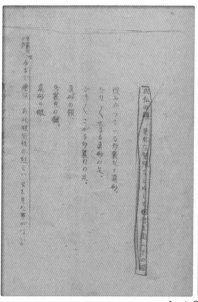

18 a

シーン28前半

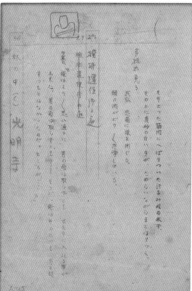
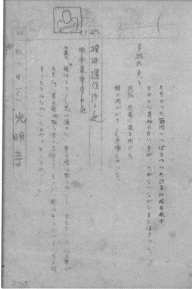

18 b

シーン28前半

シーン28後半

19 c

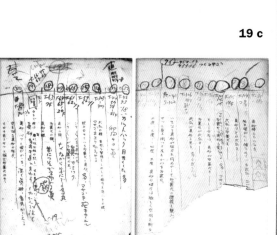

シーン28前半

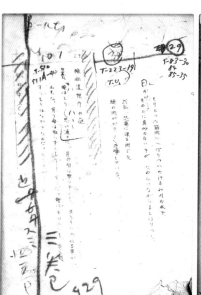
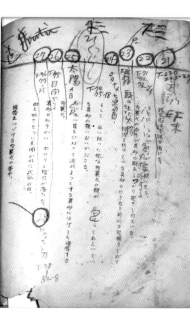

シーン28後半

香盤表

映画の撮影を行なう際に事前に作られた予定表。

香盤表には、各シーンの撮影場所、登場人物や必要な衣装・小道具・消え物などが事細かく書かれていて
撮影を円滑に行なうための重要な資料となる。通常、チーフ助監督が作成していた。

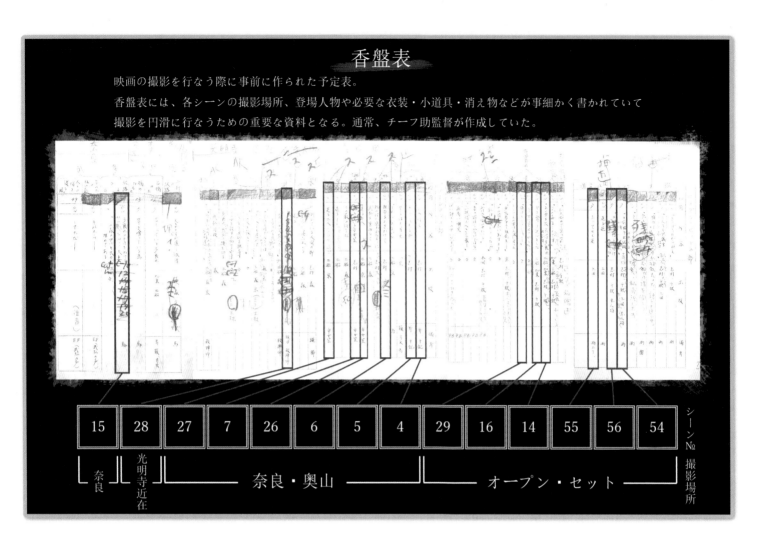

| シーンNo | 15 | 28 | 27 | 7 | 26 | 6 | 5 | 4 | 29 | 16 | 14 | 55 | 56 | 54 |
| 撮影場所 | 奈良 | 光明寺近在 | 奈良・奥山 | | | | | | オープン・セット | | | | | |

『羅生門』完成台本、記録・野上照代使用の台本、撮影・宮川一夫使用の台本、完成映画を シーン28を例に比較する

シーン28 後半

多襄丸の回想による、多襄丸に捕われた武弘の無様な姿を見た真砂が、多襄丸に襲われるシーン。握っていた短刀を落とすショット（27）と、真砂に迫る多襄丸のショット（29）はシナリオに書かれているが、落ちた短刀が地面に刺さるショット（28）は撮影中に加わったことが野上の台本から分かる。一方で、襲われた真砂を悲痛な表情で見る武弘のショット（30）は、台本にはあるが映画には存在しない。宮川の台本でも、撮影されなかった部分のセリフには赤線が引かれている。

シーン28の後半部					
武弘、悲痛に眼を閉じる。頬の肉がピクピク痙攣している。	■接吻をつづける多襄丸の背中。■もり上った筋肉にへばりついた汗まみれの水干。■その上に真砂の白い手が、ためらいながらまとわりつく。	血を吹きそうに見開かれた武弘の眼。		真砂の右手から、ポロリと短刀が落ちる。	完成台本の台詞・ト書き
カット30	カット29		カット28	カット27	野上台本に記入された撮影カット番号とメモ
使用されず	日かげる	撮影されず	落ちる刀		
	（画像）		（画像）	（画像）	完成映画の映像
		撮影されなかったカットの台詞に赤線が引かれている			宮川台本

松澤朝夫氏作成

©KADOKAWA 1950

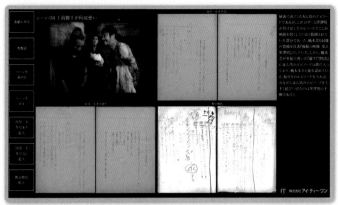

シーン54

最後に出てくる赤ん坊のエピソードであるが、これはずっと
黒澤明が付け足したエピソードでここが映画を弱くしている
と指摘されていた部分であった。橋本忍も同様の指摘を自著
『複眼の映像──私と黒澤明』でしていた。しかし、橋本忍が
単独で書いた「羅生門物語」に赤ん坊のエピソードは既に
入っており、橋本本人も後年認めている。杣売りのエピソー
ドを入れ込みながら赤ん坊のエピソードを上手く結びつけた
のは黒澤明の手腕であろう。

18 a

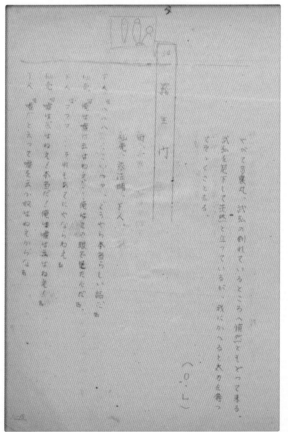

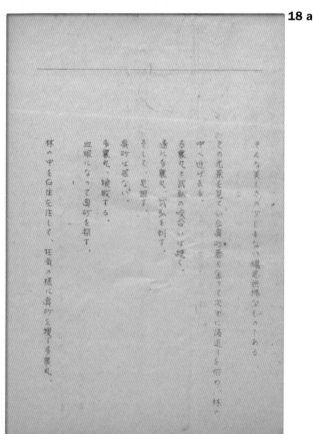

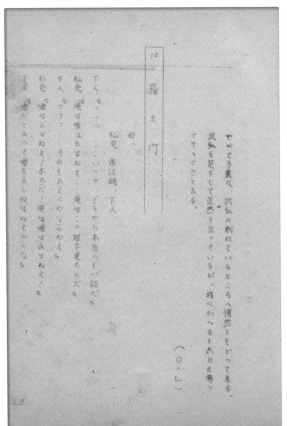

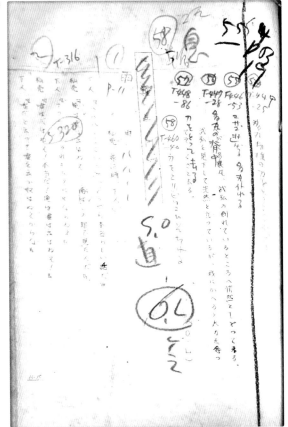
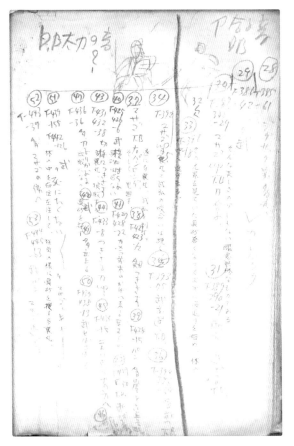

20
野上照代による画コンテ
Storyboard by Teruyo Nogami

このガリ版刷りの画コンテは野上によるもので、黒澤明が描いた画コンテを野上が模写してガリ版印刷をしたと思われる。ここからは、基本的な構図をまず指示したのは黒澤であり、野上のガリ版印刷された画コンテをベースに宮川がキャメラで構図を仮決めし、黒澤が必ずキャメラを覗いてオーケーかどうか判断をしていた。

宮川一郎氏所蔵
Collection of Ichiro Miyagawa

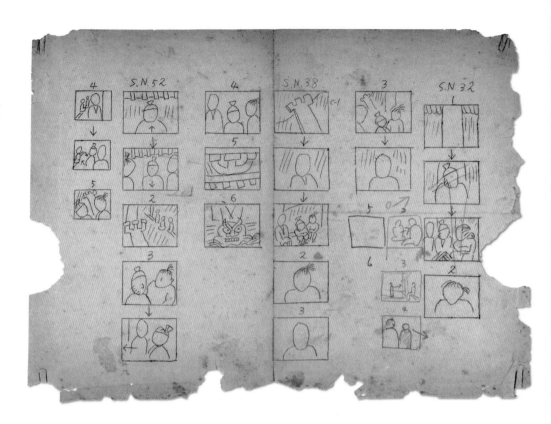

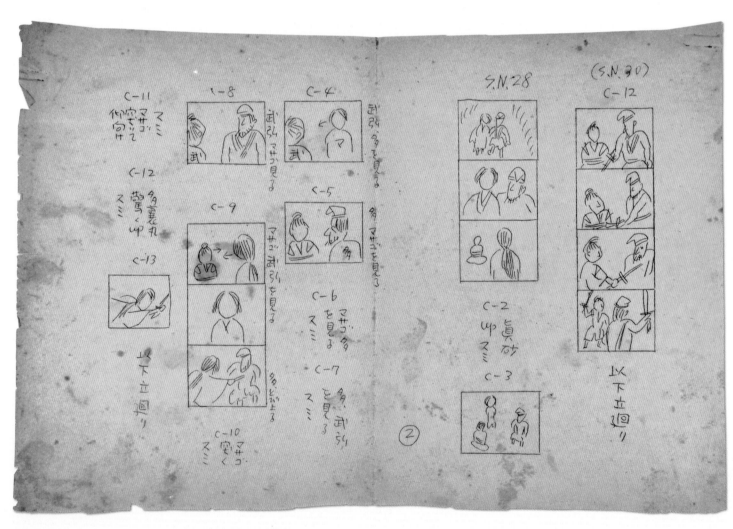

使用ネガ＝二六、八七〇フィート、仕上がりフィート＝七、八六〇フィート。

カメラ＝NCミッチェル（NO57）。レンズ＝アストロ35ミリ、40ミリ、50ミリ、75ミリ。フィルム＝富士フィルム、スーパーパンクロマチック。

（略）一応ライトも整備したが、採光による不自然をできるだけさけ、現実感に近く、自然の光をつかむようにした。真暗い森の中では可能な限り絞りを絞って画面の鮮明をはかるべく八枚の鏡（四フィート四方）を用いて、樹木の上、崖の上から光を送り、明確に人物とその演技を黒白のコントラストにつかむことが出来た。

森のシーンの露出は太陽の見えるカット以外は、露出総計、F3.5からF18の間を重複した。ここで特に記しておきたいのは、透明な緑葉の間から見える太陽、盗賊が女を捕えて接吻するクロース・アップの背後にきらめく太陽、森や林での特異な移動やク

ロース・アップ、これらに発らつとした躍動感を出し得た無名の100ミリ・レンズに大変魅力を感じたことである。

配光と露出と関連して苦心したのは、雨天、曇天を選んで撮影した羅生門だった。このシーンの難関は、怒号する豪雨の表現だった。撮影所で用意したポンプと水量だけでは足りず、市の消防車3台の応援を得て目的を達したが、白く強調される雨をさけ、ライトも地面と柱に打ち当る雨に集中した。白い空をバックとした雨は墨汁を流したが、大変効果があった。

重苦しい厚みのある黒い門と豪雨に白く煙るバックとの明暗の比率を保つため、バックライティングをセーブして一方的光線を基調に撮影したが、この点は特に照明の岡本健一氏の協力にまつところが多かった。

宮川一夫 ["撮影覚え書き"（『全集 黒澤明　第3巻』）より]

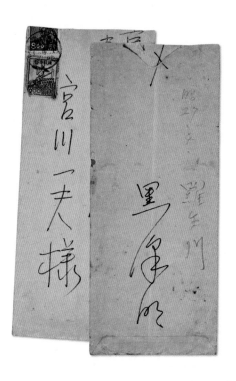

ほ手紙有難う居ました。
"羅生門"いの為、正直えって思い
かけるいらでーた、
しかし、われくは素直に喜びませう。
尻の穴の小さい運中の遠吹えなんか気
にしないで。
こうなって見ると、改めて、あの作品
をつくのた時の色々の思い出がよ

21
黒澤明から宮川一夫への手紙（1952年）
Letter from Akira Kurosawa to Kazuo Miyagawa, 1952

みがえって来ます。
暑かったら、奈良の奥山、光明
寺、雨、々、々、は、それから火事…
本当にほせ詰様でした。
あの時の関係者の方達によろしくほ
傳言下さい。
なんと申しても皆さんのほかげです。

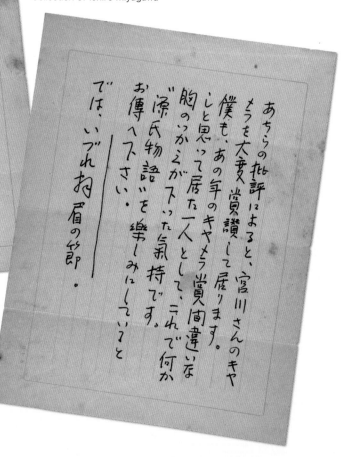

あちらの批評によると、宮川さんのキャ
メラを大変賞讃して居ります。
僕も、あの年のキャメラ賞間違いな
しと思って居た一人として、これで何か
胸のつかえが下った気持です。
"源氏物語"を楽しみにしていると
お傳へ下さい・
では、いづれお眉の竹郎・

28
撮影スナップ写真
Filming snapshots

株式会社KADOKAWA所蔵
Collection of KADOKAWA CORPORATION
©KADOKAWA 1950

24
撮影スナップ「羅生門」セットと雨
Snapshot of Rashomon set in artificial rainfall

雨のシーンでは、モノクロのキャメラで迫力ある雨の映像を撮るために、近くの太秦消防署からポンプ車３台を動員したが、あまりの水量で近所の水道が止まって苦情が出た。空の雨を映すために墨汁を混ぜてホースで雨を降らすことも試みたが、そのカットが本編に使われたかは不明である。

雨を降らすための消火ホ
ースを持ってるヤグラ

カメラロカ手

雨をしめきらせないため
カバーで覆うカメラ
宮川一夫キャメラマン

黒沢明監督

ライトマン

撮影進行係

土塁これ巾
高さ四間

瓦は四千枚、延屋十七割
年号を彫りつけてある

金枠の放水装置、滝の如く雨が落下する

羅生門の扁額
幅えて、高さ五尺

左右に掘える

上田吉二郎（上）
志村喬（中央）
千秋実（死侍）

両用の木一て

41

25
撮影スナップ「羅生門」セットと雨
Snapshots on Rashomon set in
artificial rainfall

株式会社KADOKAWA所蔵
Collection of KADOKAWA CORPORATION
ⒸKADOKAWA 1950

27
『羅生門』写真アルバム
Album of stills and snapshots

株式会社KADOKAWA所蔵
Collection of KADOKAWA CORPORATION
ⒸKADOKAWA 1950

28
撮影スナップ写真
Filming snapshots

株式会社KADOKAWA（左と右下）、国立映画アーカイブ所蔵（右）
Collection of KADOKAWA CORPORATION(left and lower right) and NFAJ(right)
©KADOKAWA 1950

29
クランクアップ記念写真
Crew photo commemorating the finish of filming

株式会社KADOKAWA所蔵
Collection of KADOKAWA CORPORATION
©KADOKAWA 1950

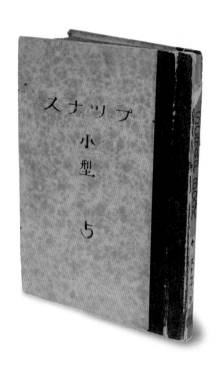

羅生門 スナップ
毎日グラフ特写

スチル

30

スナップ写真スクラップ帖
Album of filming snapshots

本作のスチルマン浅田延之助の撮影による現場のスナップ写真。太陽を入れ込んだ有名なショットは、宮川がガラス板をロウソクで焙って煤をつけ、キャメラのフィルターにして撮った。撮影準備の時間とその間の太陽の移動を予測しつつ、現場で適切な煤の状態にしていったのは、宮川の実験精神と研究熱心さの賜物であろう。出演者の顔に映る木の葉などの濃い影は、キャメラフレームぎりぎりの高さに金網を張りその上に木の葉等を置いて撮られた。金網は、その影がキャメラに映らないよう細い針金で作られた。他にもこのアルバムには三船敏郎が撮休日に京都でくつろぐ姿（背景には京都南座が見える）も捉えられている。なおこのアルバムは大映京都撮影所の旧蔵品と推測される。

槇田寿文氏所蔵
Collection of Toshifumi Makita
ⒸKADOKAWA 1950

羅生門撮影中
　三船　街ロケ人

葬送引

25.7、
浅田め

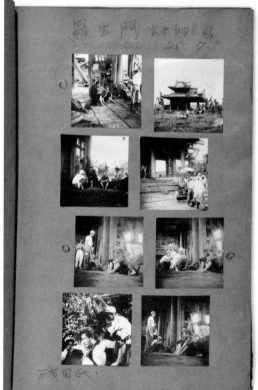

羅生門〇〇〇〇
　　25.7.

浅田め

羅生門　スナップ　浅田め

25.7、

工費500万円の羅生門の
オープンセット黒沢明監督

31
「ラッキー 映画と読物」1950年10月号
「カメラ『羅生門』ロケを追う」
"Following the filming of Rashomon",
in *Lucky*, October 1950

森の中の撮影ではやぶ蚊の襲撃に悩まされた。京マ
チ子が、三船の体にDDTを吹きかける写真が微笑ま
しい。

槙田寿文氏所蔵
Collection of Toshifumi Makita

完成からはや70年、この映画に関わった方々の大多数は物故され、いまやその現場を知る方は数少なくなったが、本展覧会では、ご存命の関係者の中から2人の重要人物へのインタビューを敢行した。この作品で黒澤監督と出会い、以後ほぼすべての黒澤作品を支えることになるスクリプター野上照代氏、そして当時は録音技師助手として、大谷巖技師や先輩助手林土太郎のもとで本作に貢献した紅谷愃一氏に、伝説の撮影現場について語っていただいた。

22
野上照代インタビュー（2020年）
Interview with Teruyo Nogami, 2020

── スクリプターのお仕事は、先輩の木村恵美さんについて覚えられたということでよろしいですか？

野上 覚えるって言っても一緒に同じシーンについて見よう見まねですけど。彼女はとっても親切にしてくれました。助監督の田中徳三なんかと一緒のスタッフが集まって昔話をしているとき、「あの時は大変だったんだよ」なんて、みんなが怒って。そりゃそうですよね。なんであの入ってきたばっかりの新米が黒澤さんの……。あの頃はもう大変でした。

── 最初に『羅生門』に関わるようになったのは本読みの時ですか？

野上 いや、祇園の方にある宿屋での顔合わせかなんかでだと覚えてますね。

── 顔合わせのミーティングがあって、そこに野上さんが行かれて。

野上 京都のスタッフが黒澤さんにご挨拶に行く時に、加藤泰とか助監督たちとみんなで一緒に行ったような気がする。

── その時に初めて黒澤さんとお会いした？　何か印象に残っていますか？

野上 そう。まあみんな言うけど、すごく背の高い、大きい人っていうのが……。その時はすごく優しかったんですけどね。

── こういう映画が撮りたいですっていう話はそのとき話された？

野上 そんな新米にそんなこと言うもんですか。ただ、みんなと食事をしたりしながら話をしてる時になかなかいい話をしてましたよ。私にも話してくれて。

その時だったかどうかは確実にはちょっとわかんないけど、あの時は早坂［文雄］さんがいたからかな、音楽の話をしてました。「映画の音楽っていうのは、足し算じゃなくて掛け算だ」とか、面白いことを色々とおっしゃいましたね。私には特に、撮影の現場でもよく言われましたけど、「俺は、編集の材料を撮ってるんだから記録なんていらない」みたいな話ですね。いつも私は書いたり言ったりしていますけど、黒澤さんの編集は演出です。出来がいい悪いがあるでしょ、役者もそうだし、キャメラマンだって失敗するときもあるから。材料をいっぱい撮っといて、そういうのをたくさん見て、そこで初めて演出するんですよ。で、もう「このヘタクソ」なんて言いながらやってますよ。これは彼の一番の特徴ですよ。あれだけできる人は世界的にもいないでしょうね、早いし。で、1人の世界だから。こんなに楽しいことはないですよ。

── 『全集 黒澤明』を見ますと、野上さんは色々な資料を書いてい

らっしゃいますね。その中の「製作メモランダ」に、本読みの開始が6月12日と書いてあるんですが、そこにはもう野上さんは出ていらっしゃいますか？

野上 本読みは出ますよ、一応みんなが。

── そこからずっと参加されている？

野上 ええ。

── 撮影開始が6月26日ですけど、その間にロケハンには行かれたりしたのですか？

野上 ロケハンは私のようなペーペーは行きません。帰ってきたら車のタイヤがパンクしたとかなんかは聞いたりしてるけど。

── 野上さんが初めて『羅生門』の台本をお読みになった時、どういう風に思われましたか？

野上 そんな難しいことは考えませんよ。ばらばらに撮るんだ、みたいな程度ですから。黒澤さんも「俺は撮影はとにかく、編集の材料を撮ってんだから」って言ってて、撮影なんかわかんなかったですよね。

── 衣装合わせは立ち会われていますか？

野上 衣装？　衣装にしてもメイクにしても、黒澤さんがべったりついて離れませんからね。

── 黒澤さんの注文は多かったですか？

野上 どの作品だって大変。注文が多いとかの問題じゃないですよ。べったりですから。でも、今テレビやなんかを見てもそう思うけど、あんないい加減な衣装でやってるのはやっぱり監督が悪いと思いますよ。監督がそういうの平気だっていうのがおかしいですよ。リアリティがないもんね。だから、黒澤さんの

野上照代（のがみてるよ）

映画スクリプター。1927年東京市生まれ。1949年、大映京都撮影所の記録係見習いとなり、翌年に一本立ちする。1951年に東宝撮影所に移籍、その後のすべての黒澤明作品でスクリプターを務めた。1984年に発表した回顧録「父へのレクイエム」が2008年に『母べえ』として映画化された。著書に『天気待ち』（2001年）、『蜥蜴の尻っぽ』（2007年）、『黒澤明 樹海の迷宮』（2015年）などがある。

場合は衣装を決めたらそれを家に持って帰らせて、朝から家で着させて。「馴染む」っていう言葉をよく使ってました。馴染んでないと自分も一緒になってみんなで軽石でこう衣装を擦って、どの辺が傷むとかそういうことからやってますから。

── ではこの時の俳優の皆さんも衣装を持って帰って……。

野上　みんな、いつもそうですよ。要するに、実感が自然にならなきゃダメなんですよね。ただ汚すというよりも、やっぱりこういうところはセットでも何でもそうですけど、リアリティがないと。

── 公開当時のプログラムを読むと1週間程度のリハーサルがあったと書いてあるのですが、当然ながら衣装も全部つけた上で、いつものように本番さながらのリハーサルを1週間みっちりしたのでしょうか？

野上　私もまだペーペーであんまり覚えてはいないけど、リハーサルは現場でもずいぶんとやりましたね。あの頃はとにかく暑くて暑くて、大変でしたね。

── 『羅生門』のDVDの特典に資料集がありまして、野上さんが謄写版で刷ったような、スタッフに配られたという絵コンテが残っています。

野上　もうあちこち散逸しちゃったのか、今はもうないんですよ。

── 野上さんが作られた絵コンテのベースとなっているのは黒澤さんの絵コンテ？

野上　それを他に描ける人はいません。だいたいいつも、全部絵を描いてくれるから、キャメラマンでもわかりやすいんです。『羅生門』の時のも大事にしておけばねー。今喜んだのに。その頃は考えなかった。

── では各シーンごとに黒澤さんが簡単な絵コンテを描いていらしたのですね。

野上　各シーンというか、撮影の前までに自分のためにやってるんですから。だから打ち合わせの時は、わかりやすいですよ。こういう絵が欲しいという時は、もうその通りですからね。でも賞を取った時、黒澤さんが『羅生門』は撮影の賞だっておっしゃったのですよ。『羅生門』の撮影は、とにかく鏡を使ったこと。それは本当に宮川［一夫］さんのお手柄だと思います。あれ以降どの映画でも鏡を使っていますから。でもね、照明部には鏡は大変なのよ。左右が動くから。はじめは衣装部から借りてたのよね。あれでも大きさが足りなかったんじゃないかな。要するに、太陽が動くから、その度に動かなきゃいけない。重くって大変だったんですよ。でもあれ以来、どの映画も鏡ですから。よほどお気に召したんですかね。鏡っていうのは黒澤さんの照明の基本になっちゃった。

── 宮川さんが決めたカメラポジションを黒澤監督が直したりとかはありましたか？　それとも完全に任せっきりでしたか？

野上　いや任せていませんよ。いつも2人のどっちかは覗いてるから。撮影の助手がこぼしてましたよ。「もう俺たちは覗かれへん」とか言ってた。宮川さんもファインダーから離れない人だし、それをもう押しのけて黒澤さんが見てるからね。大変ですよ。

── 議論することはありましたか？　こっちの方がいいとか。

野上　いや、そういう議論的なことはあんまりなくて、宮川さんの提案をだいたい受けてたような感じ。黒澤さんの方からは、有名な話ですけど、太陽を直に撮りたいとかね。あと黒澤さんの映画の中でもあれだけ狙って風を使ったのは初めてでしょう。あのあとはどの映画も風だもんね。大変ですよ、やる方は。そういうところは本当に黒澤さんの感覚の凄さでしょうけどねえ。外国でキャメラ初めて森に入ったとか言われたとか言って黒澤さんは得意になってたけど、あの中の移動も大変でした。私はもう新米で、何をやっているのか分かんなかったけど。大変だったんですよ。黒澤さんが怒鳴り散らしてできたんだけど、『羅生門』の製作をドキュメンタリーでやったら本当に波乱万丈で面白いと思うけどね。もう再現できないけど。

── では実際の撮影について。墨汁入りの雨を降らせたという有名な話がありますが、実際は空中だと透明度が増してしまうので効果はなかったと……。

野上　あれはそんなにしょっちゅうやってない。だって下に落ちたら汚れちゃうし、俳優の顔にでもかかったりしたら……。ただ、雨が見えないっていうんで、「じゃあ墨汁入れたらどうなん？」って面白がってやったような気がするけど。

── みなさんが色んなアイデアをお出しになったんですか？

野上　やってみようか！　みたいな話ですから、まあそういう時は。宮川さんが色々とおっしゃっていたような気がしますけどね。

── 志村［喬］さんが森の中を歩き回るシーンで、宮川さんが円形のレールを敷いて、レールを跨ぎながら志村さんが歩いて行きますが。

野上　いやそんなことないですよ。円形のレールなんて引けないもん。だから、キャメラを真ん中に置いて、それでその周りを丸く歩けばまっすぐ歩いていることになるという、黒澤さんの得意中の得意の発見ですよ。だから歩いているのはみんなキャメラの周りを丸く歩いて、パンしているんですよ。それならまっすぐ歩いているのと同じになる。距離が同じになる。

── ちょっとあとのシーンになりますけど、三船［敏郎］さんが林の中を走って行くところでスピード感があるパン撮影がありますね？

野上　駆け下りるところ？　下に京［マチ子］ちゃんが見えて。

── 伝説なのでにわかに信じられないですけど、腰紐か何かで距離を一定に保ったという話が……。

野上　それはないですね。駆け下りる三船ちゃんに？　いやそんなことはしないですよ。そんなことしたらうまく走れないし、足元もおかしくなってしまうと思いますけどね。

── キャストやスタッフについてお伺いしたいんですけど。

野上　あたしみたいなペーペーがですね、そんなところに入ってませんから分かりませんけど、ただ大映としてはとにかく京ちゃんを売り込む時だった。

── 最初は原節子さんがキャスティングされるという話もあったと聞いているんですけど。

野上　それ、何かで見た気がする。でも黒澤さんからは聞いたことがないですね、ええ。ただ、とにかく黒澤さんが初めて会っ

た時、京ちゃんは最初から眉毛を剃ってきて、黒澤さんは期待してすごく喜んで。

――撮影現場で黒澤さんの京さんに対しての演出ぶりはどういう感じでした？

野上 一緒に映画観にいったりしててね。しょっちゅう話してたからこうしてくれとか状況は説明するので、ほとんど注文は出さない。俳優さんとはしょっちゅう食事したり、撮影以外でも、油断も隙もないくらいしょっちゅう見てますから。でもやっぱり黒澤さんは京ちゃんを綺麗だっていうことばかりじゃなくて、最初にもう眉毛を剃ってきて、非常にその顔が良かったのですごく気に入ったということはあったようですね。その頃の私はキャスティングに入るような身分じゃないから分かんないけど。あとで聞く話ではそうでしたよね。

――三船さんに対しては細かい指示など注文は？

野上 いや、三船ちゃんにはいつも注文しませんよ。『羅生門』の頃は一緒にいないから分かんないけど、部屋で食事して酒飲みながら話すくらいで、注文っていうのは現場でやってみてってくらいですから。

――スタッフのことですが、プロデューサーの本木荘二郎さんはあまり語られませんが『羅生門』の誕生に貢献されたと思います。

野上 そうね、本木さんはまあいつもそうですよ。ご存知のように文芸部にもいてね。黒澤さんも、「プロデューサーで脚本（ホン）が読めるのは本木くらいだ」って言っていたくらい。

――『羅生門』の時は現場にも東京から来られました？

野上 いやーあんまり来なかったねえ。大映だからねえ。ただ、橋本［忍］さんがとにかくまだ海のものとも山のものともつかないのに、あれを拾ったんだから。彼が橋本さんの脚本を佐伯［清］さんの家で見つけなかったら成り立たなかったでしょうね。短いからちょっと借りて帰るわって言って、持って帰ったから、成り立ったんだからね。

――先ほどおっしゃっていたように『羅生門』のドキュメンタリーを作ったら本木さんの出番もあるでしょうか？

野上 そうですね。ずいぶん古い仲ですから。ただお金のことがあって。本木さんから、お金のことをちゃんとしたら、また戻ってくるよと言われたらしいんですけど。いい人でしたよ。ピンク映画を作りはじめたので週刊誌などで色々言われていたけど、黒澤さんはとにかく信用していました。

――早坂文雄さんが京都にいらした時はどんな感じでした？

野上 私は夢中になったんですよ、初めから。素敵な感じでしたよね。そしたら黒澤さんは「いいよなあ！ 作曲家は、オーケストラを前にこんなことやってるとよく見えるんだよな！」なんて言ってましたけど。でも本当に早坂さんの葬式の時は、黒澤さんは可哀想なくらい泣きじゃくってね。あの時やってた『生きものの記録』の撮影を1週間休みましたもんね。

――黒澤監督は「編集のために材料を撮ってる」とおっしゃいますが、実際に編集の現場に野上さんは立ち会われますか？

野上 そんな程度じゃないですよ。『羅生門』の編集の時は、狭い納屋みたいな部屋の中で各組が編集してるんだから。3人くらいはいたかな、監督が。もう信じられないですよ。で、しかもネガで編集してるんですよ。どの組も、ネガとポジが置いてあるのよね。だから黒澤さんが火事の時にネガを出せ！ って言ったのは、あの頃の私はまだよくわかってなかったけど正しかったですよ。あれでネガが焼けたら大変だったし間に合わなかった。よくまああんな納屋みたいな木造の編集室で監督たちが……。後ろの棚にネガとポジ、ラッシュが並んでるんだから恐ろしいですよね。

――初めて黒澤さんの編集についたわけですが、どうやってその呼吸を……。

野上 最後まで同じ調子でしたが、黒澤さんにフィルムを渡す役ですから、引っかかったりしたら大騒ぎですよ。彼の編集は演出だから。普通の監督のように台本を割って、順番になっているわけじゃない。大量のフィルムの中からカット割りするんだからね、分量がまずすごいんですよ。大映ではポジで編集したのは初めてだけど、お終いの頃にはフィルムの山で大変でしたね。でも、そこで彼は初めてやっと演出ができる！ って感じですから。まあ、楽しかったでしょうね、さぞかし。あの新鮮な感覚っていうのは、四十男になったとは思えないですよ。やっぱり、大したもんですよ。

――アフレコのことで記憶に残っていることはありますか？

野上 紅谷［恒一］さんからお聞きになったでしょうけど、大映、特に京都としてはロケーションに録音部が行くっていうのは初めてでしたからね。とにかく使えない音でもキャメラと同時に撮っとくわけですよ。それを元にアフレコなりをして音を入れ替えるんだけど、そういうリアリティっていうのはそれまでの大映の時代劇ではあり得なかったんですよね。そういうのを黒澤さんが革命を起こすように怒鳴り散らして……。よくやったと思いますね。

――最後に野上さんにとって『羅生門』とは？

野上 一言で言うともう、幸運の女神ですよ。本当にこれに尽きる。伊丹［万作］さんのおかげだとは思うけれど、これについていなかったら幸運の扉は開かなかったと思う。四十男になったなんて言っても、いやぁみんな若かったんですよね。京ちゃんも「みんな若かったんやでぇ」なんて言ってたけれど、そればかりじゃなくてあの頃やっと日本の古い映画を新しくしたんだもの。これからもそういう人が出てほしいですね。

聞き手：岡田秀則、槇田寿文
2020年2月20日　東京・成城にて

——1949年に京都市立第一工業高校を卒業して、7月に大映に入られたそうですが、その辺りの経緯を教えてください。

紅谷　電気工事をしながら、本当は関西電力に行きたかったんです。僕は弱電と強電を比べたら、強電の方が好きだったんですよ。だからいずれ、発電所から送電線を送るケーブルだとかを設計しながら、という。でも就職難時代で、関西電力の関係の話が全然進まなくて。その頃友達の家の隣に大映京都撮影所の録音部に勤めている人がいたんです。で、今ちょうど募集してるからどうだ？　という話がその人から来て、それで受けて。それと松竹からも話があって、録音技師の人から受けてみないかって、それも受けて。両方とも受かったんですけど、大映からの通知が1週間早かったもんで、大映の方に義理を立てて入ることにしたんです。

——松竹も大映もたまたま録音だったのですか？　偶然ですか？

紅谷　まあ電気科出身だから。照明はちょっと重いし体力的にも、という気もあったし。

——最初は録音部ということに関して、イメージみたいなものはありましたか？

紅谷　イメージは全然なかったですね。マイクとか録音機というのは学校では全く習わなかったから。

——当時は何人体制で1本の映画に取り組むものなのでしょうか？

紅谷　録音技師、マイクマン、それにマイクマンの助手として3人ついて、全部で5人ですね。

——カチンコは、大映だけは録音部が打つと聞いているのですが、その3人のうちの1人がカチンコを打つ？

紅谷　そうです。入ったばかりの僕が持たされて。

——『羅生門』の時も、カチンコは紅谷さんが打ったのですか？

紅谷　ええ、私が震えながら打っていました。

——『羅生門』までに経験した録音現場で何か覚えている作品はありますか？

紅谷　『痴人の愛』ですね。あれは印象に残ってます。「京さん綺麗だな」って思って見惚れてましたから。マイク持ちながらボーッとして。

——準備も含めて、『羅生門』にはどの時点で紅谷さんは参加したのですか？　事前の打ち合わせなどでしょうか？

紅谷　いや、打ち合わせなんてのは、あんまり出ていないですよ。ペーペーだしね。ただ全部を同時録音でやりますから、マイクテストだとか、マイクコードの準備とかそういうことには割と早くから参加していましたけど。難しい打ち合わせには呼ばれてないです。

——同時録音は、大映では初めてだったと書いてありますけど、黒澤さんのリクエストで全部を同時録音で撮りたいと？

紅谷　基本的には、その当時の大映というか日本映画はセットは同時録音、ロケーションは全部アフレコというのが普通だっ

たわけですよ。それで黒澤さんから、とにかく使う使わないは別として、全部同時録音で撮りたいと。しかしその当時の機材では大変だったわけですよ。フィルム録音の時代で……。フィルム録音の機械というのはデカイもので録音室に2台が据え付けてあって、その安全に固定してある1台をバラして持ち出すわけですから。だから機材が、バカ重くて大変だった。バッテリー1つにしたってトラックのバッテリーよりでかいやつでしたから。2人がかりで、ふうふう言いながら運んだ記憶があります。

——それを奈良にも持って行き、京都にも……。

紅谷　そうです。どこ行くにもそれを持っていったわけですよ。

——ロケも同時録音でやりたいと言われて録音部としては嫌だなとかはなかったのですか？

紅谷　ロケーションでの同時録音なんて慣れてないもんですから、まず第一に持ち運びが大変だった。

——撮影に入ってから、全ての撮影の現場に紅谷さんは立ち会っていましたか？

紅谷　そうです。全カットですね。

——撮影現場の役割は、『羅生門』の間はずっとカチンコでマイクはあまり持たなかったのですか？

紅谷　マイクは準備の時に安全にただひたすら持っているという役ですよね。で、テストを始める前にセカンドの人が来て、マイク操作の準備をするとこっちはカチンコ。ボードをチョークでシーンいくつのカットいくつって書いてトラックナンバーまで書いて。

——その時は野上［照代］さんに聞くんですか？

紅谷　そうです。

——最高でテイクいくつまであったか覚えていますか？

紅谷　いや、トラックナンバーまでは覚えてないです。ただ、森さんと三船さんの立ち回りがありますよね。あの時に何回も撮っていたという記憶はあります。とにかくしつこい監督だったという印象はありました。ただじゃOKしないというね。

——俳優さんが森の中で、走りながら叫んだり喋ったりするのに録音

紅谷愃一（べにたにけんいち）

映画録音技師。1931年京都府生まれ。1949年に大映京都撮影所に録音助手として入社、1954年に日活撮影所に移籍する。1965年に録音技師として一本立ち。1980年にフリーランスに転じ、これまで120作品以上の録音を担当。今村昌平、蔵原惟繕、藤田敏八、相米慎二、小泉堯史らの監督作品を音声面で支えた。著書に『日本映画のサウンドデザイン』（2011年）がある。

部は一緒になって動かなければいけなかったのですか？

紅谷　ええ、もちろん。基本的には同時録音だけど、全部その音が使えるとは限らないという認識はあって、黒澤さんという人は自分で編集しますから全部に音がついてないと編集できないわけです。だからそういう意味でモジュレーションって言うんですけども、使えなくてもいいから音が入っていればいいと。もう1つはアフレコの参考用という……。同時録音といってもいろんな意味合いがありますので。だから走りながら叫んでるところなんか、フレームアウトぎりぎりのところでマイクを持ってなるべく聞こえるように採っているわけです。基本的にそういうところをアフレコしてましたから……。ということでアフレコというのはだいたい頭にありました。

── 同時録音ですと虫の声や色んな音が周りから入ってきますが、それほど気にせずに録音されていたのですか？

紅谷　うん、ロケーションの同時録音で使った箇所は割と少ないんです。ほとんどアフレコなんですよ。セミが鳴いてるからあのセミを追ってくれとか、そういうことはあまりしなかったです。もう入ってもしょうがないと。どうせアフレコするんだからという言われ方はされましたね。

── 色々な俳優さんの声を録音されたと思いますが、三船さんなどは速く強い声を出したりするので難しいところもあったのではないですか？

紅谷　声まで含めて、黒澤さんは色々と注文していました。三船さんのは確かに分かりにくいんですよ、セリフがね。特に怒鳴って喋ったりするとね。まあ基本的にはアフレコだから、現場ではOKしてましたけども。

── 俳優さんに対する演出で、黒澤監督が粘りに粘ったところは何か覚えていますか？

紅谷　立ち回りを結構粘ってましたね。実際の人間が刀を振り回して格闘するときにはもっとかっこ悪いものだろうと。だからかっこ悪く演技をつけてくれって、殺陣師に頼んでましたから。それでも立ち回りがやっぱり気に入らなくて、さっきも言ったようにテイクを重ねたことはありますね。それと、もっとも僕が覚えているのが、太陽入れ込みのキスシーンですね。当然あとで話に出てくるだろうけど、大鏡を使ったんです。要は太陽直射を受けて、それを人物にあてていた。もう眩しくて目が開けられないわけですよ。京さんはね、それでも芝居の上で無理矢理キスされてるんだから……。芝居的には目を開けなきゃいけないわけですよ。で、黒澤さんがもうしきりに目を開けろ！　目を開けろ！　って……。京さんも非常に苦しんでいたことは今でも覚えています。目が開けられなくって、眩しくて。あとで聞いたけど辛かったと言ってました。

── 森[雅之]さんに関して思い出があるシーンは？

紅谷　森さんは芝居もまあ上手いし、温厚だし監督の言うことは素直に聞くしまたその表現力もあるし……。あんまり監督から注文が出てるという印象がないです。さっき言った立ち回り

のところぐらいですね。芝居はきちっとしてましたから。

── 志村さん、千秋[実]さん、上田[吉二郎]さんはいかがでしょうか？

紅谷　志村さんにはあんまり注文しなかったと思ったな。千秋さんには結構してましたね。上田吉二郎には相当……。上田吉二郎は羅生門のところだけですからね。で、下手だからアフレコできなくて……。アドリブばっかりで。だから雨降らすのを止めて、ワンカットだけ同時録音で長台詞を採った気がします。

── そのとき上田吉二郎さんはアドリブだったんですか？

紅谷　いやいや、もちろん基本的には台本通り言わないと黒澤さんはOKしないから。要は喋り方なんですよ。やっぱり癖があって、それが直らないんですよね。注文してもなかなか、黒澤さんの思い通りにいかなくて……。非常に癖っぽい人でしたからねぇ。結局は諦めたんじゃないかな、これじゃもう直らんと。

── 録音部として苦労されたシーンはありますか？　有名なのは最後のアフレコを屋外で……。

紅谷　あれはまいったですね。とにかく、まず屋外でやるということは真っ暗にならないとできないということ。それと、映写機がアフレコルームの防音装置がきちっとしてあるところに固定してあったんです。アフレコには基本的にその映写機にかけた画を使わなきゃいけない。だから表でどういう形で映すかということになる。そこでレフ代わりのミラーに使った大きな鏡、姿見があるわけです。それを2枚持ってきて、映写室からスクリーンに向かって映したやつをまず1枚の鏡で受けて。それをアフレコ室のサイドのドアを開け、表でさらにその光をミラーで受け、仮設のスクリーンを貼って、そこに映したわけです。結局はボケボケの画でアフレコしましたけど。もう口の動きがかろうじてわかればいいという感じで。京都の撮影所の近くに嵐電が通ってるんです。嵐電がもう走らなくなる10時頃からアフレコを開始して、夜が明ける4時頃までやって……。これが1週間ぐらい続いて。

── その効果というのはやっぱり出ましたか？

紅谷　表でやったという効果はもちろん出しましたけどね。三船さんがね、実際芝居しながら喋るもんだからノイズが出るんですよ。で、毛布を敷いたり裸足になってもらってやってもらいましたけどね。

── これも有名な話ですけど、影を作るために金網を張り、その上に葉っぱを置いて強く光を当て、顔に色々な影が出るようにしていたと言われていますが、すぐ上に置いたのですか？

紅谷　ええ。要は影というのは、太陽から人物に寄せれば寄せるほど濃く出るわけです。この作品が光と影というテーマで、その影を濃くしたいと。ではどうすればいいか。普通の大木の影じゃどうしても薄いんですよ。じゃあ寄せるしかないと。それで大道具さんに頼んで、網の影が映っちゃ困るから、細い針金で作った目の粗い網を作ってもらって。キャメラ据えて、フレームギリギリのところに網を張ってですね。網の上に葉っぱを乗っけて、人物にちょうど良い具合に配置して。だけどテス

トから本番にいくとき、まあ太陽の位置が変わる変わる。位置が変わる度に、葉っぱも移動させて。大変でしたよ。三船さんの寄りのときに特に濃い影を強調したいということがあって、それは今でも覚えています。

―― その三船さんの50cm上くらいに金網があった、そんなイメージ……。

紅谷 ええ、もうそれぐらいまで網がありました。割とカメラも寄ってましたね。

―― ほとんどの俳優のみなさんには影が映っているのですけど、京さんには自分の証言が始まるまで顔にまったく影が映らないんです。それって意図的だったのか、覚えていらっしゃいますか？

紅谷 いや、そこまではわからなかったですね。

―― 他の俳優さんにはみなさんそのように影が映っているんですが、京さんだけは光が当たったままずっときて……。で、自分の証言が始まったら影ができるんですよ。

紅谷 それはやっぱり狙いだったんでしょう。黒澤さんの。当時はペーペーだからそこまでは理解できなかったですけど。

―― 蠟燭のフィルターを使った撮影もご覧になりましたか？

紅谷 さっき話した太陽入れ込みのキスシーンですね。確か宮川さんがその日の朝、製作部に言って25cm四方ぐらいのガラスを買ってこさせたと思うんです。何枚か買ってこさせたのかなぁ。それであのシーンになったら、キャメラを据えて、太陽がそこにきてからだと間に合わないんで、だいたいここを通るだろうと準備して。蠟燭の煤でガラスを曇らして。太陽見てまた何回もそれをやっていました。それで、何回もやったあと、前のファインダーのところにそのガラスを貼り付けて撮影したという記憶がある。でも、そのときは何をやっているのかわかんなかったですよ。不思議なことをやるなと思ったんです。あとで考えたら、太陽入れ込みっていうことは、キャメラで普通は撮れなかったわけですから、あぁ特殊なフィルターを作ってたんだなってわかったんですね。

―― それ、宮川さんは撮影の当日にやってらしたんですか？

紅谷 当日です。その現場で。ずっとみんな待ってました。

―― 普通なら前もって準備しておくと思うんですが……。

紅谷 いや、当日に思いついたとしか考えられないですよ。

―― 凄いですね。

紅谷 でなければ、前もってある程度やっとくでしょ、やっぱり。だからじーっとみんな待ってるんですよね、それを。

―― 想像するとなかなかの光景ですね。

紅谷 ただフレームが決まって、葉っぱの状態と太陽の状態が見当つかないと、それはできないですよね。レンズの使い方によってフレームが変わってくるし。

―― あと雨を降らすのに水に墨汁を混ぜたとよく言われますけれど、具体的には実際どれくらい行われたのでしょうか。

紅谷 墨汁ねぇ。空抜けの雨カットはそんな数はないんですよ。大きなバケツに墨汁を入れて吸い取るわけ。ただあっという間になくなっちゃうわけだから、まあ短いカットでしたけども。不思議なことやるなと思って見ていました。それほど見た目の効果はなかったですね。

―― 2度あったという有名な火事の話ですけど、最初は第2ステージから火の手が上がったそうですが、紅谷さんはどのような状況で知られたのですか？

紅谷 ダビングの作業中だったんです。それで表が騒がしくなって、火事だっていうんで、まず高価な録音機を安全なところに運び出したんです。火があまりに早そうなんで。それで2台ともとにかくバラして、表に出したらみんな手伝いに来てくれて、安全なところにそれぞれ運んだわけです。火事が収まっても、スケジュールが詰まってるもんだから、翌日もダビングしなくちゃいけない。しかも、録音機をもう1回組み立てなきゃいけない。それでも翌日、再度ダビングをやっていたら今度はフィルムに火が付いて……。

―― 『羅生門』のフィルムに火が付いたんですね？

紅谷 うん。ミキサールームと映写室と、それから音のフィルムを回す部屋と、3つ部屋が並んでいて、真ん中が映写室だった。えらいことだっていうんで、バケツリレーで消してたんです。で、火は消えたんですが、煙だけが残ったんですよ。当時、フィルムに水をかけたら有毒ガスが出るって知らなかった。それで気分が悪くなって、気がついたら医務室に寝かされていて……。という騒ぎが2日間あったわけです。それでこの作品は間に合わないんじゃないかとも言われて。僕なんかその火事騒ぎで倒れたもんだから、代わりを入れるからお前たちはもう家で休んでいてくれと言われて、そのあとは、ダビングに参加できなかったんです。でも、帝国劇場の特別試写会が決まってて、間に合ったのがその前日。前日の夜行で田中徳三が東京までフィルムを持って行ったわけですから。だから本当にギリギリ。そういう意味で黒澤さんちゅうのは運の強い人ですね。

聞き手：岡田秀則、槙田寿文
2020年2月19日　国立映画アーカイブ相模原分館にて

第4章
音楽
Chapter 4: Music

早坂文雄（1914-1955）は1939年に東宝映画に音楽監督として入社、管弦楽や協奏曲、ピアノ曲などの創作とならんで、トーキー時代の映画音楽で活躍を始めた。1947年に黒澤明と出会い、『酔いどれ天使』（1948年）や『野良犬』（1949年）を経て『羅生門』の音楽に携わることになる。その後の『七人の侍』（1954年）も含めて黒澤の名声への歩みは常に早坂とともにあったが、持病の肺結核により41歳で早世した。早坂は『羅生門』の完成時に、これが自身の最良の仕事になったと述べている。

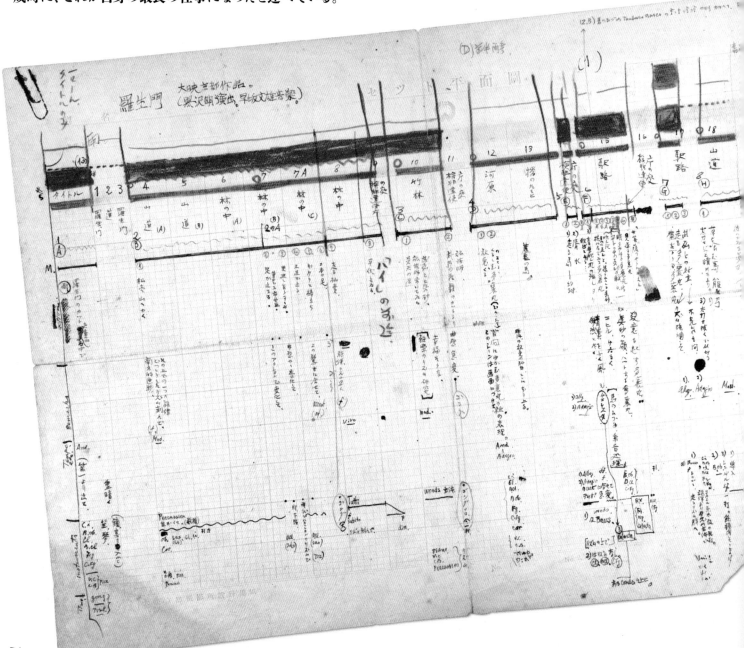

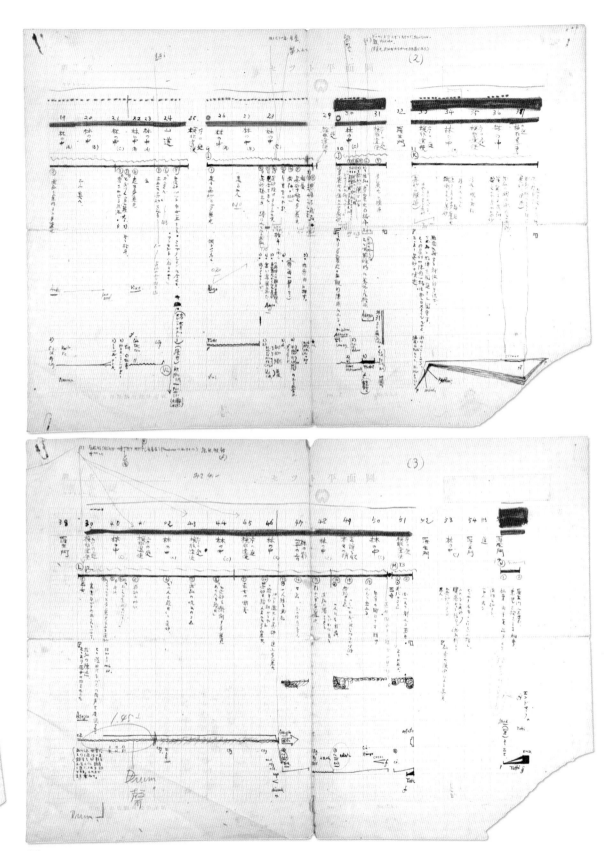

32
早坂文雄による音楽構成表
Music composition chart for *Rashomon* by Fumio Hayasaka

大映撮影所のセット平面図の用紙を使い、早坂がシーン・音楽・物語・テンポ・楽器構成などを書き込んだ構成表。シーンごとの曲想から全体の緩急のつけ方まで、早坂の音楽の構想がひと目で分かる。早坂は、映画音楽に際しては多くの作品にこうした構成表を残しており、いつも映画の全体像を見ながら曲の配置を検討していた。

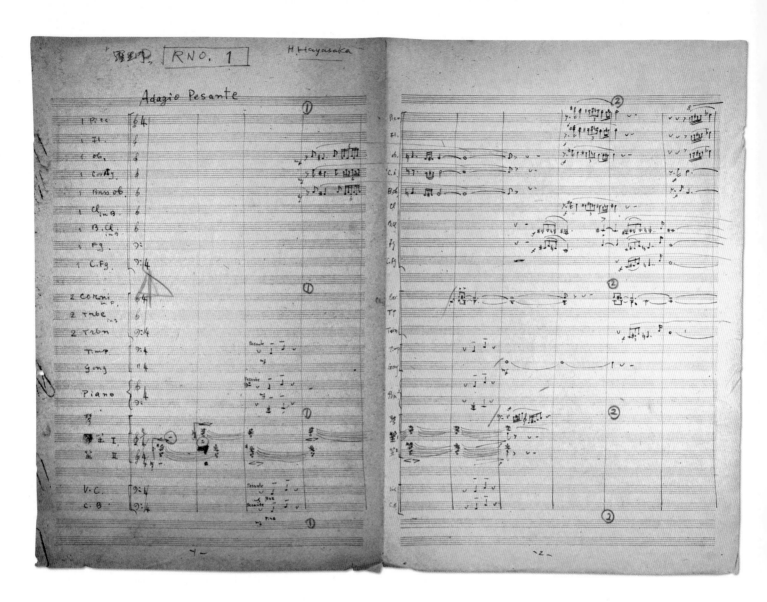

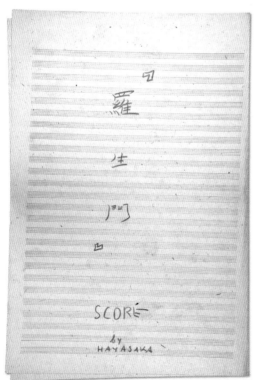

33
早坂文雄による楽譜
Musical score for *Rashomon* by Fumio Hayasaka

曲想のスケッチと、曲をオーケストラのために開いた浄書。スケッチは早坂の仕事の勢いが生々しく
読み取れるもので、展示品はボレロの部分である。また浄書は冒頭のタイトル部分を展示している。
この浄書を基に演奏用の各パート譜が作られる。

明治学院大学 日本近代音楽館所蔵（北浦絃子氏旧蔵）
Collection of Archives of Modern Japanese Music, Meiji Gakuin University
[Former collection of Itoko Kitaura]

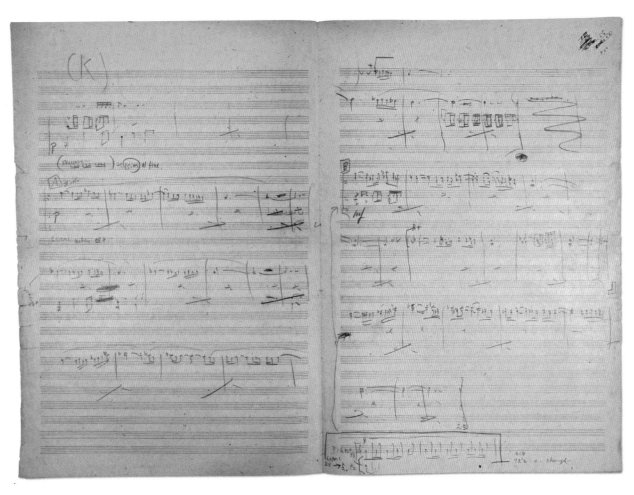

34
早坂文雄自筆ノート「入洛記」
Nyuraku-ki [Diary of Visiting Kyoto], Fumio Hayasaka's notebook

「入洛記」は大映京都撮影所を訪れた早坂の日記ノートで、作曲家から見た撮影日記として極めて珍しい資料である。日記は1950年6月27日から7月5日までの作曲前の段階と、8月3日から25日までの作曲・録音作業からなり、後半には不眠不休の仕事ぶりや8月21日の撮影所火災、その翌日の火災のことも記されているが、すべてを終えた8月23日には「僕の今迄約六十本の仕事のうち、最良のものになったことを喜ぶ」という感想も述べられている。

明治学院大学 日本近代音楽館所蔵（北浦絃子氏旧蔵）
Collection of Archives of Modern Japanese Music, Meiji Gakuin University
[Former collection of Itoko Kitaura]

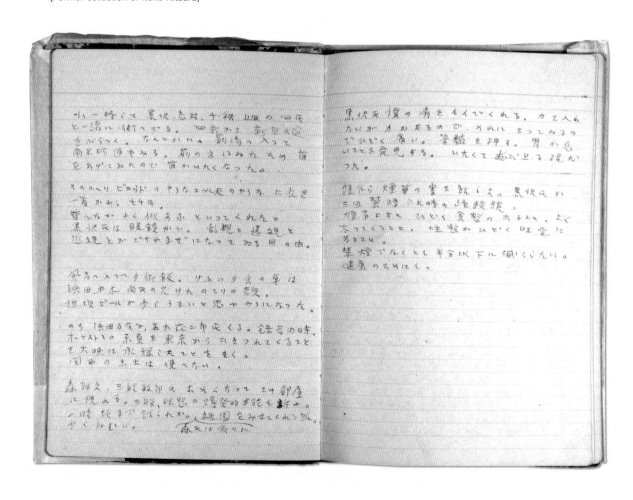

十五日

毎日、撮場所が ひどく暑い。

ところが 20.21.22 らい 撮影だが、17に 撮影
とらねば、3日中の付けがつかない。24日に road show
があるというわけだ。これに終るには 素性もこえない。
頑張ることは 辞もぬかった人間の能力に 18まるが
ある。

尺ねのすまるからか Fullの i4 など 少しづい orche-
stration 始める。

どうも つまった 処理方仕方になって来そう
です。

サムは 撮影所へ 一寸 行ってみたが 公休で 係不在で
用たりず、帰途 書写 "The blue hump" ある。

午後より R No.10 の 中の 格斗のシーン の orchestra-
tion する。

夕刻迄。暑くて 体も 能律が あるい。でも、がん
ばった。

十六日

夕方近 R No.9 のデッサン完成。

喜国が だ、かかって 足たので この 実物と 予覚と
の格斗は 始んと 書直した。

夜、京五山の 大文字 焼とあり、箱の 楝子に
そばを えべて これをみる。大文字の 時、そばを
たべるのは 中風になら希に ためという京都
の習慣だそうだ。8時50から 15分する後
でも きれいだった。たい 松を ともすのだそうな
お盆の 精霊の 送り火です。

大 の 外に 左大文字、船、鳥井、妙法 などと
あるが 箱からは 大 こ がみえなかった。

十七日

朝 木木荘三郎氏 入院。

十十 刻まで 無発。英先を 養っておく。
編輯できず、手がつかぬのである。
しかし、明日 からは 多忙 これ不廻めるである
サム 奈良の 最后の ロケ。

夜 業涌 Producer 吉森繁雄課長 5 来たりて 一同と
会喰。とるのか 取りそめた。

サムは 中に 早日に ねておく。

十八日

朝 撮影終見 Rush。 教授 入院。
部ら 撮入。
黒沢氏 編輯に入る。
僕近 される 箱に 引返へして orchestration にかいる。
きわめて 集中の 疲れても 休まず。目が 痛い。
夕刻迄 2 noll する。
依曲の 量は 太変 なものだ。

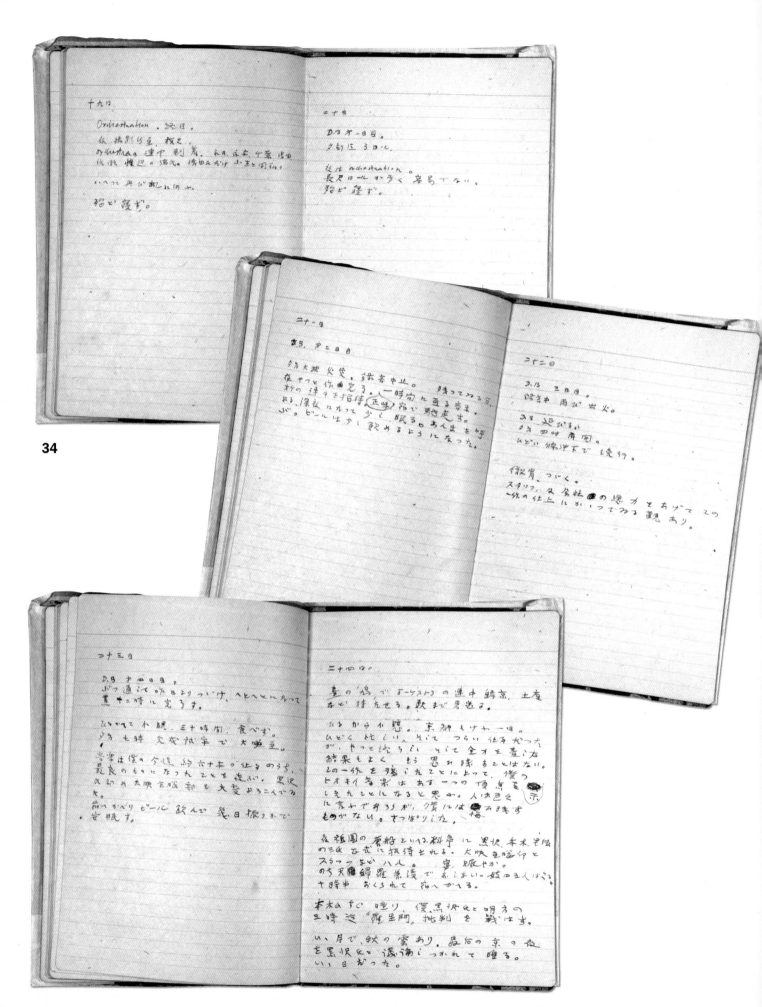

34

35
「オリジナル・スコアによる 七人の侍／
羅生門」LPレコード（1978年）
LP record of the music for
Seven Samurai and *Rashomon*
by original scores 1978

槙田寿文氏所蔵
Collection of Toshifumi Makita

羅生門の音楽

　黒澤さんの映画には、わたくしがずっと音楽を書いて来たが、この「羅生門」ほどむづかしいものは今迄になかった。この映画の音楽を野心的なものにしたいということは、昨年から話し合っていて、長い間腹案を練っていた。

　京都でも幾日間か議論を交えてこの音楽の扱いには慎重を期した。大体の手法は、現実の話である羅生門のくだりを現実の雨の音で扱い、ナラタージュとなる藪の中の扱いは、全部、音楽でもってゆくことにし、一風変わったシナリオ形式による多襄丸、武弘、眞砂の三人の話は、それぞれ全く異った音楽や楽器法で、それら三人の自分勝手な陳述を書き分けてゆき、これら三人の心理的陰影を音楽の領域でははっきり分けて表現することにした。従って、画面の雰囲気を伴奏風にもってゆくということを一切せずに、できるだけ人間のリアルな心理を、生々しい音楽の動きで衝動的に強く語ってゆくことにした。

　この映画では、オーケストラを使用せず極く少人数の独奏者を主体とし、これに室内楽風な編成を伴はせて色彩と幅をつけてゆくことにした。多襄丸にはコントラファゴット、武弘にはコールアングレ―、眞砂にはフリコートとハープという特殊楽器がそれぞれ割り当てられ、これらの楽器が、人物の心理や行動と共に主体的に活躍する。この他平安朝の時代色を出すために笙なども加わる。わたくしとしては、人間の嘘と真実とがこの映画の中で、どこまで音楽として表現し得るかということに関心をもっている、その上、黒澤さんは音楽のよくわかる方であり、その注文が、ひどくむつかしい。しかし、この映画では、音楽でいろんな試みのできるうってつけの野心的な題材であるから、あえて冒険をおかし大胆に作曲した。録音の処理も従来のやり方とは些か変わったことをしてみるつもりでいるが、それはどんな響きになるか、スクリーンから聴いて欲しいと思う。わたくしとしては、今年度、最も力の入れた仕事をしてみる野心に燃えている。

早坂文雄 [「DAIEI AD BOOK」より]

　ぼくは早坂がこのボレロ形式をこの映画にもち込んだことは、この映画の様式にじつに適確な表現であったと考える。登場人物のひとりひとりの陳述と回想シーンが複雑に交錯し、いりくんでいるこの映画の特殊な構造。そこにひとつの統一感をひきだしているのが、このボレロ形式なのだ。

秋山邦晴（音楽評論家）
[「オリジナル・スコアによる 七人の侍／羅生門」LPレコードスリーブより]

演技

Chapter 5: Acting

『羅生門』の8人の登場人物の中でも、この映画の根幹を成しているのは事件の当事者である3人と、目撃者である柚売りのキャラクターである。豪放で欲望の赴くままに行動する多襄丸、貞淑な妻であると同時に男たちの身勝手を堂々とあざ笑う真砂、生前においても陰影に満ちた人物である金沢、そして3人の証言の偽りを知り人間不信に陥る柚売り──それぞれの演技者が遺した資料から、撮影の現場に迫る（森雅之資料は現存が確認されていない）。

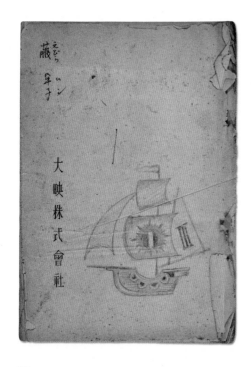

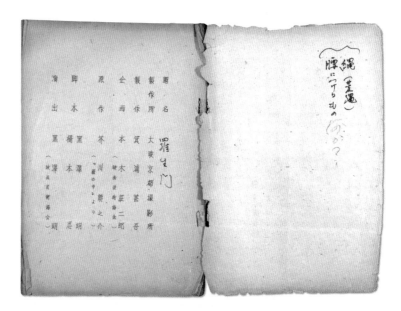

36
三船敏郎の撮影台本
Rashomon script used by Toshiro Mifune

多くの場合、三船敏郎と志村喬に共通するのは、台本への書き込みの少なさである。いずれも撮影前にセリフを記憶する習慣があったからと推測できるが、例外的に『羅生門』は書き込みが多い1冊である。また、この台本の表紙に三船敏郎の筆跡で書かれている「箙牟子（えびらむし）」は『羅生門』の仮題であったと言われている。「箙」とは武弘が所持していた革製の矢筒のことであり、「牟子」は真砂の市女笠から垂れ下がっている薄い布のことである。

三船プロダクション所蔵
Collection of Mifune Productions

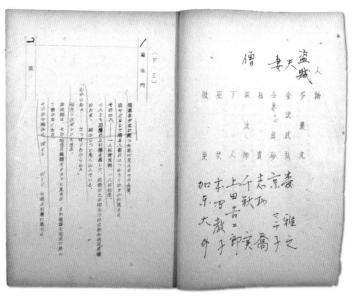

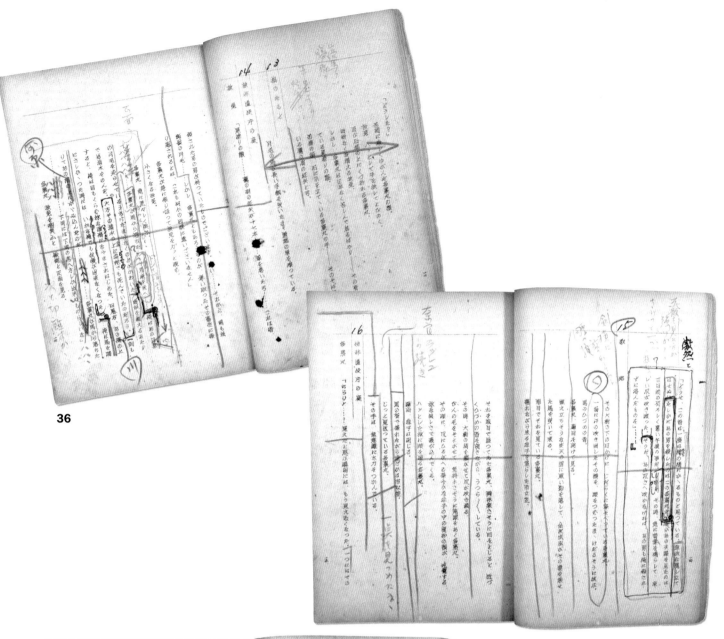

36

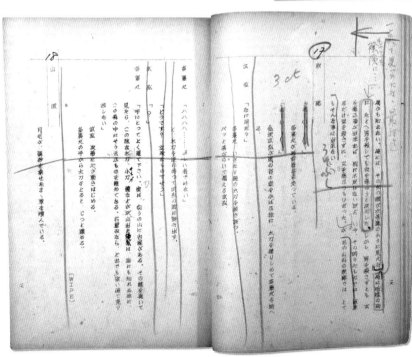

63

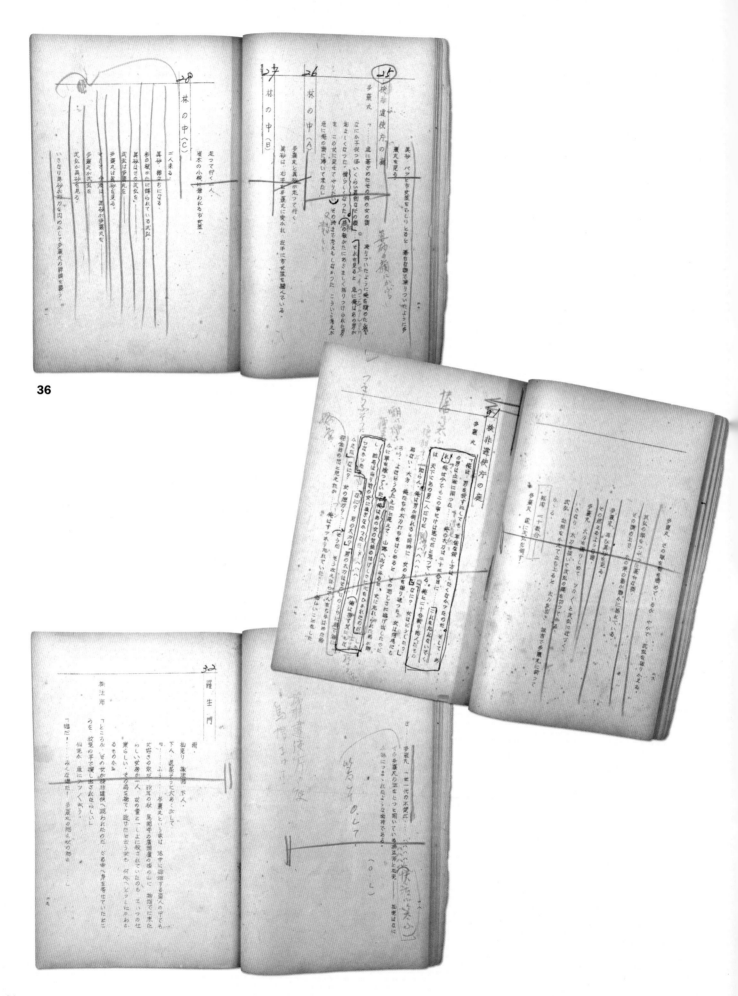

36

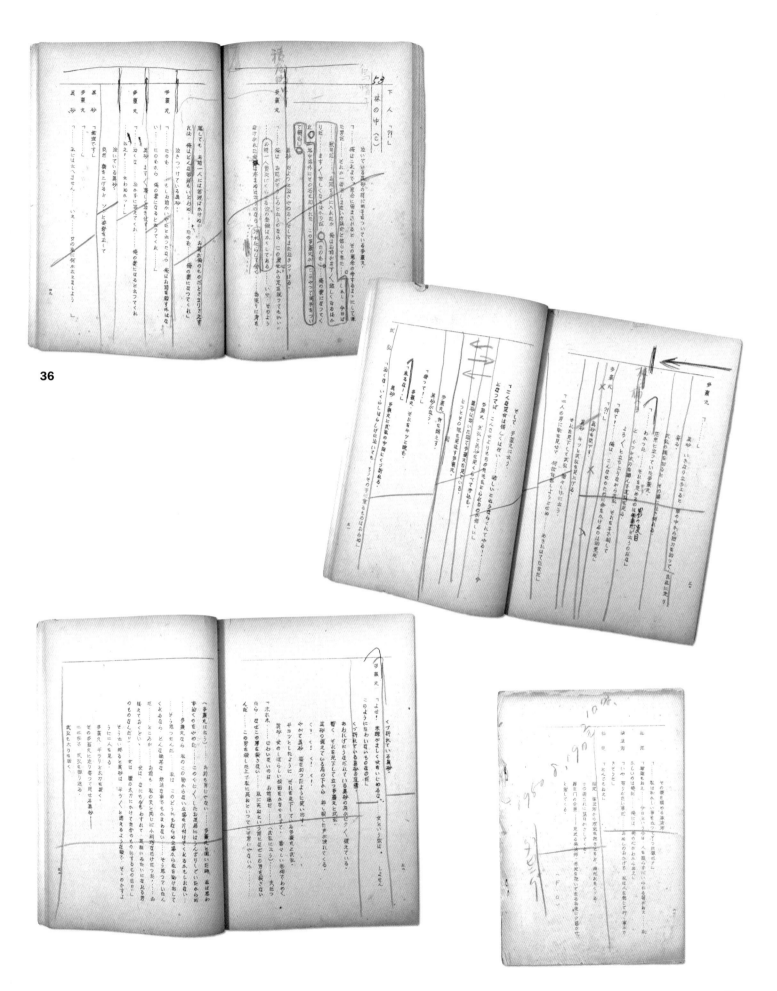

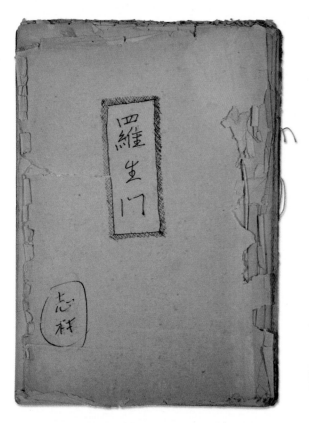

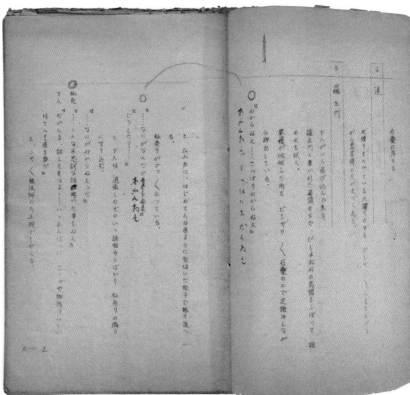

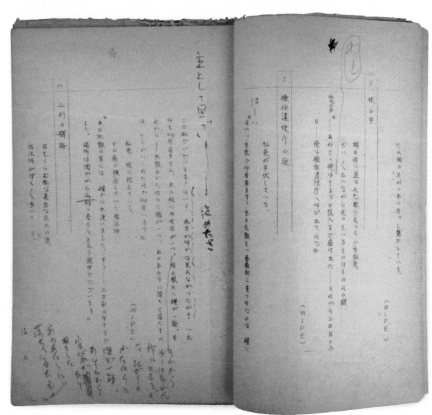

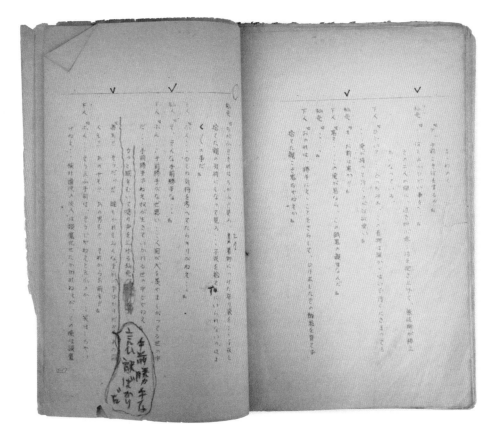

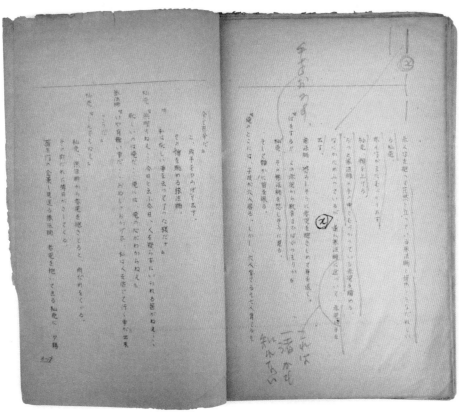

37
志村喬の撮影台本
Rashomon script used by Takashi Shimura

国立映画アーカイブ所蔵（志村喬コレクション）
Takashi Shimura Collection of NFAJ

38

京マチ子旧蔵写真アルバム
Photo album formerly owned by Machiko Kyo

ヒロインの真砂役は当初原節子が候補に上がっていたが、スケジュールが合わなかった。また新人女優の起用も検討されたことが雑誌記事には掲載されている。結局、大映は社の看板女優である京マチ子を推し、黒澤もそれを受け入れた。京は眉毛を剃ってカメラテストに臨み、黒澤はその熱意を大いに気に入ったと言われる。

早稲田大学坪内博士記念演劇博物館所蔵
Collection of The Tsubouchi Memorial Theatre Museum, Waseda University
ⒸKADOKAWA 1950

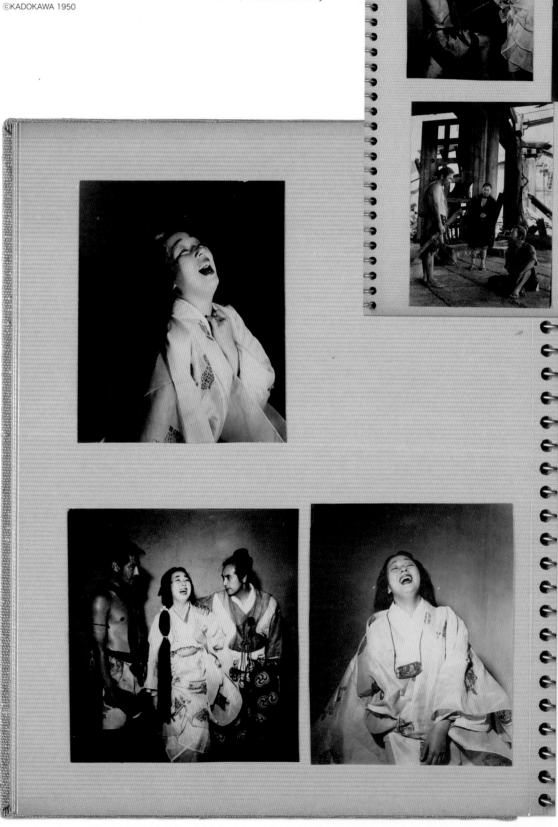

京マチ子旧蔵写真アルバム
Photo album formerly owned by Machiko Kyo

39
スタジオ撮影スチル写真
Publicity stills photographed in studios

黒澤明は、映画の創造に関わるすべてをコントロールする監督であり、映画宣伝のためのスチル写真の撮影にも立ち会った。
これらの写真には背景がないことから、映画撮影の前にスタジオで撮られたスチルと思われるが、同じ役の表情でも屋内スタ
ジオと本番の野外ロケでは印象が大きく異なる。スタジオでこれだけの強い芝居を打ち出せなければ、野外での本番撮影で
強い印象は残せないことを黒澤は意識したのだろう。

株式会社KADOKAWA所蔵
Collection of KADOKAWA CORPORATION
ⒸKADOKAWA 1950

三船敏郎（みふねとしろう）

俳優・映画監督。1920年中国・青島生
まれ。1997年没。1947年に東宝入社、
同年『銀嶺の果て』でデビュー。『酔いど
れ天使』（1948年）から黒澤監督とコン
ビを組み15作品に主演し、『用心棒』
（1961年）と『赤ひげ』（1965年）で
ヴェネチア国際映画祭主演男優賞を受
賞。『宮本武蔵』（1954年）や『無法松
の一生』（1958年）など黒澤作品以外
の出演作も外国で賞を獲得するなど、世
界から敬愛されたスターであった。

京マチ子（きょうまちこ）

1924年大阪府生まれ。2019年没。大
阪松竹歌劇団を経て1949年に大映入
社、同年『最後に笑う男』で本格的デ
ビュー。『痴人の愛』（1949年）等で肉
体派女優として認識されていたが、主演
した『羅生門』（1950年）、『雨月物語』
（1953年）、『地獄門』（1953年）の国
際的成功により「グランプリ女優」と呼
ばれるようになる。黒澤、溝口、小津作
品に主演した唯一の女優であり、戦後
を代表する女優であった。

森雅之（もりまさゆき）

1911年北海道生まれ。1973年没。作
家有島武郎の長男。早くから俳優を志
し、1937年文学座の結成に参加、その
後劇団民藝、新派等に所属し舞台に
立った。1942年『母の地図』で映画デ
ビュー。戦後、『雨月物語』（1953年）、
『浮雲』（1955年）に主演、陰影をたた
えた名優としての地位を確立する。5本
の黒澤作品に出演、『白痴』（1951年）
での名演も忘れ難い。

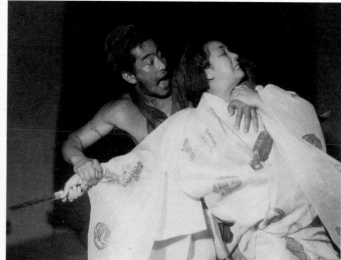

いざ行かん羅生門目指して

見たり聞いたり語つたり

たちまち起る剣戟の響き

監督のいる風景

特集グラフ
「羅生門」への道

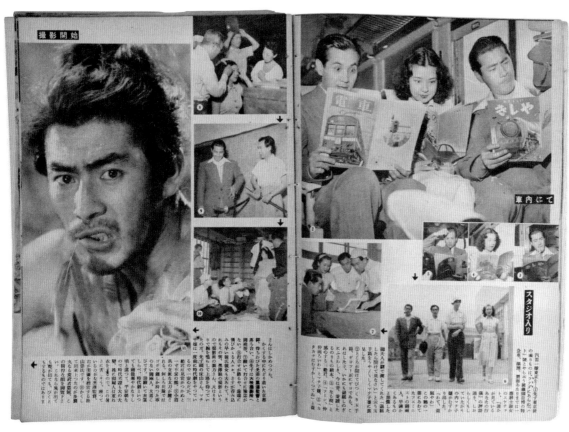

撮影開始

車内にて

スタジオ入り

映画ファン
9月

40
「映画ファン」1950年9月号　「特集グラフ　『羅生門』への道」
"On the way to Rashomon ", *Eiga Fan*, September 1950

国立映画アーカイブ所蔵
Collection of NFAJ

しばしば『羅生門』は、海外での高評価に比べて日本での封切りは興行面でも批評面でも不首尾に終わったとする言説が多いが、実際にはこの年の大映作品で興行成績4位であり、特に都市部ではヒットした。また「キネマ旬報」誌日本映画ベストテンでも第5位にランクされている。その後のヴェネチア国際映画祭凱旋上映やリバイバル上映、今世紀のデジタル復元版も含め、この映画の日本国内での上映史をたどる。

41
劇場公開オリジナル版ポスター（1950年）
Poster for original release, 1950

谷田部信和氏所蔵
Collection of Nobukazu Yatabe
©KADOKAWA 1950

43

帝国劇場 特別有料試写会プログラム（1950年）
Program for premiere screening at Imperial Theatre, 1950

野上照代のサイン入り。京都撮影所で火災が8月21日、22日と2度発生したが、必死の作業で23日に映画は完成、助監督の田中徳三がその日の夜行列車で東京へフィルムプリントを運んだことは語り草となっている。田中は急行「銀河」で24日早朝6時過ぎに東京駅に到着、京橋の大映本社で7時頃から試写、8時半頃に終了し、9時半から日比谷の帝国劇場でこの試写会を開くという、まさに綱渡りの状況だった。

槙田寿文氏所蔵
Collection of Toshifumi Makita
ⒸKADOKAWA 1950

45

パンフレット「大映ニュース」①（1950年）
Daiei News, no. 1, 1950

橋本忍、野上照代のサイン入り。

槙田寿文氏所蔵
Collection of Toshifumi Makita
©KADOKAWA 1950

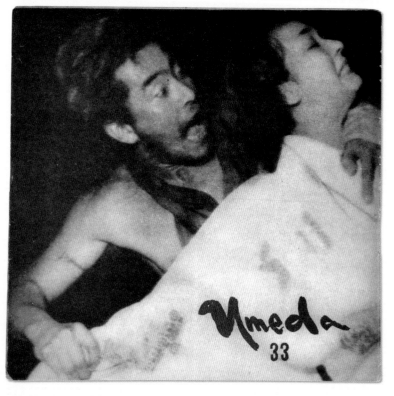

46

パンフレット　梅田映画劇場「Umeda」33号（1951年）
Umeda, no. 33, program of Umeda Eiga Gekijo Theatre, 1951

大阪梅田劇場での公開時の初版パンフレット。

槙田寿文氏所蔵
Collection of Toshifumi Makita

44

プレス資料「DAIEI AD BOOK」No.231（1950年）
Daiei Ad Book, no. 231, 1950

映画館でのディスプレイ・デザインの提案がなされているのが興味深い。

槙田寿文氏所蔵
Collection of Toshifumi Makita
©KADOKAWA 1950

47

シナリオ掲載プレス資料「大映縮刷版シナリオNo.17 羅生門」
Rashomon, Daiei concise script, no. 17

槙田寿文氏所蔵
Collection of Toshifumi Makita
©KADOKAWA 1950

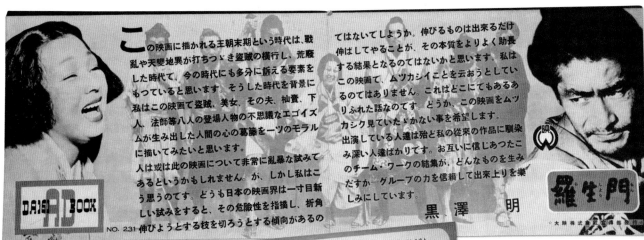

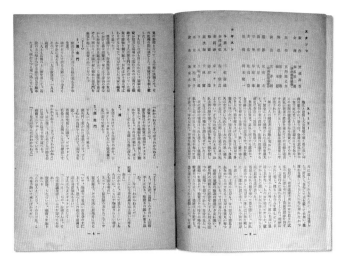

42
ヴェネチア国際映画祭受賞 凱旋上映用ポスター（1951年）
Poster for the second release on the triumphal return from the Venice Film Festival, 1951

凱旋上映用に制作された3つのバージョンのうち2種類。

谷田部信和氏、国立映画アーカイブ所蔵
Collection of Nobukazu Yatabe and NFAJ

42

WINNER OF THE GRAND PRIZE AT 12TH
INTERNATIONAL FILM FESTIVAL AT VENICE
"RASHO-MON" OR "IN THE FOREST"
with English superimposed titles
A Daiei Production

1710
Tokyo, September 12, 1951

My dear Mr. Nagata,
following my previous
communication concerning the successful presen-
tation of "Rashomon" at the International Motion
Picture Festival in Venice, I am glad now to
transcribe for your information a telegram recei-
ved now from His Excellency G. Andreotti, Italian
Undersecretary to the Cabinet Presidency, in his
capacity as sponsor of said Festival:

"For Minister d'Ajeta. Glad inform Japane-
se motion picture received International
Festival Venice first grand prize. Please
convey best congratulations Italian Go-
vernment."

May I add to this expression of my Government
my personal feelings of felicitation on the distin-
guished acknowledgment made in Venice of the out-
standing characteristics of this Japanese motion
picture.

Yours sincerely
(B. Landi d'Ajeta)
ITALIAN DIPLOMATIC REPRESENTATIVE
Mr. Masaichi Nagata,
President,
Daiei Motion Picture Corporation,
Tokyo

『羅生門』グラン・プリ受賞記念
特別ロード・ショウに就て

大映株式会社 取締役社長 永田雅一

弊社の製作にかかる『羅生門』がこの度、第十二ヴ
ェニス国際映画祭に於て、欧米各国の優秀映画と伍して
堂々最高栄誉たるグラン・プリ(大賞)を授与されまし
た事は、ひとり大映のみならず日本映画界の名誉である
と信じます。

既に新聞その他にて御高承の如くこの報道が全世界に
伝わりますや、アメリカ、イギリス、フランス、イタリ
ア、ベルギー、アルゼンチンその他各国からの上映申込
み殺到して参りました。それのみならず日本在留の諸
外国の方々ならびに国内の方々からも是非『羅生門』を
上映してほしいとの御希望がありましたので、今回、英
語のスーパータイトル版を作製し丸ノ内スバル座に於て
特別ロード・ショウを行う事に相成りました。
このロード・ショウの持つ意義は甚だ大きいものと存
じます。国内の方々はこの『羅生門』の奥深い芸術的価
値を更めて再認識されるでありましょうし、諸外国の方
々は英文のスーパータイトルによって、日本映画が世界
の映画界の中にあって最もすぐれた一高峰を築いたと云
う事実を十二分に御諒解なさる事と存じます。
『羅生門』がグラン・プリを獲得いたしましたこの機
会に催されるこの意義ある特別ロード・ショウの成功を
祝しまして御挨拶に代えます。

48
スバル座 凱旋上映用パンフレット「SUBARU」71号(1951年)
Subaru, no. 71, program of Subaru-za Theatre, 1951

ヴェネチアでの金獅子賞獲得を受けた凱旋上映は、東京では10月12日より
有楽町のスバル座で開催された。ちょうど世界各国からこの映画の買い付けが
殺到していた頃である。なお、この時の上映は英語字幕版。

槙田寿文氏所蔵
Collection of Toshifumi Makita

54
歌舞伎座「八月興行大歌舞伎」
プログラム（1951年）
Program for August Grand Kabuki
at Kabukiza Theatre, 1951

『羅生門』は、劇場公開の翌年夏には歌舞伎にも翻案されている。脚本家八木隆一郎による脚色は芥川の「偸盗」も組み込んでおり、第１幕が「藪の中」、第２幕が「偸盗」、第３幕が「羅生門」という構成である。装置には舞台美術の巨匠伊藤熹朔が招かれ、のちに『七人の侍』の考証にも携わった江崎孝坪が時代考証を行った。翌月の９月に映画がヴェネチア国際映画祭で受賞したことを考えると、この演目の実現そのものが先見の明と言えよう。

主な配役は以下の通り。
黒木の太郎（映画の「多襄丸」に相当）：松本幸四郎（八代目）
金沢武弘：市川男女蔵（三代目市川左團次）
真砂：尾上梅幸（七代目）

槇田寿文氏所蔵
Collection of Toshifumi Makita

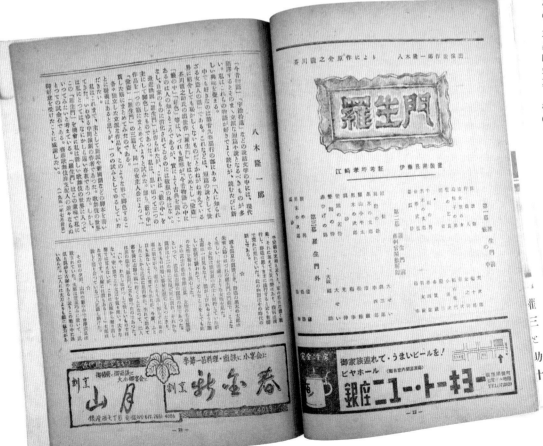

49
リバイバル公開用ポスター（1965年）
Poster for the revival screening, 1965

公開から15年を記念して行われたリバイバル上映。

国立映画アーカイブ所蔵
Collection of NFAJ
©KADOKAWA 1950

51
みゆき座 リバイバル公開用パンフレット（1965年）
Program for the revival screening at
Miyuki-za Theatre, 1965

このパンフレットの中で野上照代は、録音された三船のセリフ「あの杉の木の根方だ」が火災の後にどうしても見つからず、東京に戻った三船を京都に再び呼んで再録音したというエピソードを語っている。

槙田寿文氏所蔵
Collection of Toshifumi Makita

50
リバイバル公開用
プレスシート（1965年）
Press sheet for
the revival screening,
1965

国立映画アーカイブ所蔵
Collection of NFAJ
©KADOKAWA 1950

52

「デジタル完全版」ポスター（2008年）
Poster for the release of digitally restored
version, 2008

2008年に東京国立近代美術館フィルムセンター（現国
立映画アーカイブ）・角川映画・映画芸術科学アカデミー
の共同でデジタル復元版が製作され、2010年に全米映
画批評家協会賞の映画遺産賞が贈呈された。

国立映画アーカイブ所蔵
Collection of NFAJ
ⒸKADOKAWA 1950

53

「デジタル完全版」プレスシート（2008年）
Press sheet for the release of digitally
restored version, 2008

国立映画アーカイブ所蔵
Collection of NFAJ
ⒸKADOKAWA 1950

53

Tokyo, 28 maggio 1951

Spett.
Direzione della Mostra Internazionale
d'Arte Cinematografica
S. Marco, CA Giustinian
VENEZIA

    Con riferimento alla Vostra del 2 aprile u.s., n.1/5387, ci spiace doverVi comunicare che l'"Asahi Shimbun" non ha ritenuto di poter accettare di organizzare la partecipazione del Giappone alla XII Mostra Internazionale d'Arte Cinematografica.
    Appena ricevuta la Vostra, consegnammo immediatamente l'acclusa lettera d'invito all'Asahi, il quale in un primo tempo aderì con entusiasmo all'idea, e subito furono iniziati i preparativi.
    La Italifilm aveva dato il suo pieno appoggio all'iniziativa, assumendosi non solo il compito della preparazione della edizione con sottotitoli in italiano, ma anche le relative spese nella misura di oltre il 50%.
    Ora l'Asahi ci informa che per dissensi sorti nell'interno del giornale stesso circa l'organizzazione della partecipazione del Giappone alla Mostra, esso si trova nell'impossibilità di accettare l'invito. Tale comunicazione, dateci pochi giorni prima della scadenza del termine entro cui l'accettazione deve pervenire alla Direzione della Mostra, preclude, per quest'anno, la possibilità che il Giappone possa partecipare alla manifestazione.
    Non ci rimane pertanto che sperare che non ci mancherà anche in avvenire il Vostro cortese appoggio e che il Giappone potrà prender parte alla prossima manifestazione.
    Con distinta considerazione e con vivi ringraziamenti

                    LA PRESIDENTE
                (Dott.Giuliana Stramigioli)

東京　1951年5月28日
ヴェネツィア市サン・マルコ　カ・ジュスティニアン
ヴェネツィア国際映画祭事務局　御中

　4月2日付けn.1/5387の貴殿からの書簡につきまして、残念ながら朝日新聞社が第12回ヴェネツィア国際映画祭への日本参加を取りまとめることができないと判断したことをご連絡いたします。

　貴殿からの書簡を受けて、私どもは早速に書状を朝日新聞に提出いたしました。当初は朝日新聞もこの発案を喜び、すぐに準備作業が始められました。

　イタリフィルム社はこの企画を全面的に応援し、イタリア語の字幕つきプリントの準備を引き受けただけでなく、それに関わる費用を50%以上負担することも受諾しました。

　ところが今になり、朝日新聞から、社内で映画祭参加に合意が得られないため招待を受けることができないと通知してまいりました。この通知が、映画祭事務局に招待受託を伝える締め切り日の数日前であることから、今年に関しましては日本が映画祭に参加する可能性は断たれてしまいました。

　将来におきましても貴組織からの御支援が得られることを、また日本が次回の映画祭に参加することができるように希望するしかありません。

　いろいろご配慮をありがとうございました。謹んで御礼申し上げます。

　　　　　　　　　　社長　ジュリアーナ・ストラミジョーリ

58

ジュリアナ・ストラミジョリ旧蔵 ヴェネチア映画祭出品関係書簡・電報
Correspondences on the film presentation at the Venice International Film Festival, formerly owned by Giuliana Stramigioli

ジュリアナ・ストラミジョリ（1914-1988）はイタリアの日本文化研究者で、教鞭を取る傍ら1948年にはイタリア映画の日本への紹介を専門とするイタリフィルムを設立、当時のネオレアリズモ作品を始め、数々の名作を日本にもたらした。またヴェネチア国際映画祭の依頼で日本映画の出品についての調査を担当、出品を渋っていた大映と交渉の上で説得、『羅生門』の出品を実現させたことが受賞に結実した。この受賞が日本映画の海外でのプレゼンスを高める決定的な機会となったという点で、ストラミジョリは日本映画の恩人である。一連の書簡・電報の中で感銘を受けるのは、ヴェネチア側から『酔いどれ天使』『野良犬』に絞るよう要請を受けながら『羅生門』出品を貫き通したストラミジョリの慧眼と強い意志である。

濵野けい子氏所蔵（濵野保樹旧蔵）
Collection of Keiko Hamano
[Former collection of Yasuki Hamano]

翻訳：小池美納
出典：『大系 黒澤明　第1巻』黒澤明／浜野保樹＝編・解説（講談社刊）
協力：株式会社講談社

58

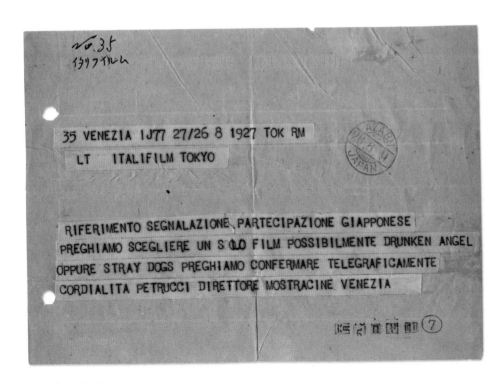

JAPANESE TELEGRAPHS

No.	Time Sent		By	Collated by	Postage Stamps	Charges
Office of Destination		Class	Office of Origin			
No.	Words	Date	Time	Remarks		

2.222.—

To
LT PETRUCCI
    MOSTRA CINEMATOGRAFICA
             VENEZIA

ASAHI RIFIUTANDO INVITO FEDERAZIONE GIAPPONESE CINEMA

ASSUMEREBBESI INCARICO ORGANIZZARE PARTECIPAZIONE MOSTRA

ALT PREGASI TELERISPONDERE

                              ITALIFILM

The address and signature of the sender   4-2 chome. Tamura-cho. Shiba. Minato-ku.

1951年6月2日
イタリフィルム社からヴェネツィア映画祭ディレクター、ペトルッチ氏へ
朝日が招待を断ったため、日本映画連合会が映画祭への参加取りまとめを担当する意向あり。電報にて返答を請う。

No.35
イタリフイルム

35 VENEZIA IJ77 27/26 8 1927 TOK RM

LT ITALIFILM TOKYO

RIFERIMENTO SEGNALAZIONE PARTECIPAZIONE GIAPPONESE
PREGHIAMO SCEGLIERE UN SOLO FILM POSSIBILMENTE DRUNKEN ANGEL
OPPURE STRAY DOGS PREGHIAMO CONFERMARE TELEGRAFICAMENTE
CORDIALITA PETRUCCI DIRETTORE MOSTRACINE VENEZIA

1951年6月9日
ヴェネツィア映画祭ディレクター、ペトルッチからイタリフィルム社へ
日本参加の報に関し、映画は1本のみの選択を請う。できれば『酔いどれ天使』か『野良犬』。電文にて報告を願う。

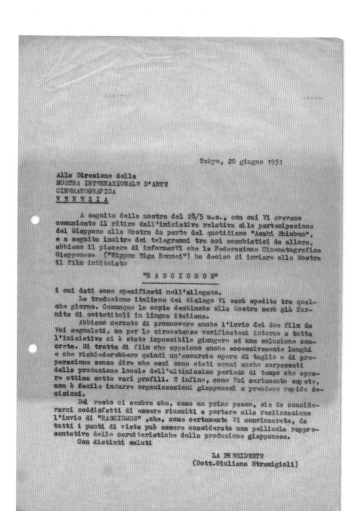

東京　1951年6月20日
ヴェネツィア国際映画祭事務局　御中

　当方からの5月28日付けの書簡におきまして、朝日新聞社が映画祭への日本参加を主導することを断念した旨をご報告し、またその後は電報のやり取りでご連絡させていただきました。この件に関しまして、日本映画連合会による映画祭への『羅生門』の出品の決定をお伝えできることを嬉しく思います。この映画の詳細につきましては添付書類をご覧ください。

　台詞のイタリア語への翻訳は数日後に発送いたします。また映画祭に出品するポジプリントには、こちらでイタリア語の字幕をつける予定になっております。

　貴殿からご要望のあった2本のフィルムの送付についても努力いたしましたが、今回は諸事情から、具体的な解決策に行き着くことが適いませんでした。これらのフィルムは上映時間も長すぎるため、慎重なカット作業や準備が必要になるからです。これに加え、様々な観点から見て非常に質が高いと思われる最新の映画作品は、これらの作品を凌駕していると思われます。またご存知の通り、日本の組織に迅速な決定を行うように説得するのは容易なことではありません。

　しかしながら、日本参加の第一歩として、『羅生門』の出品を実現できたことは喜ばしいと存じます。『羅生門』はあらゆる観点からして、日本の映画製作の特徴を代表する映画としてふさわしいことを、皆様にも必ずや納得いただけることと思います。

敬具
社長　ジュリアーナ・ストラミジョーリ

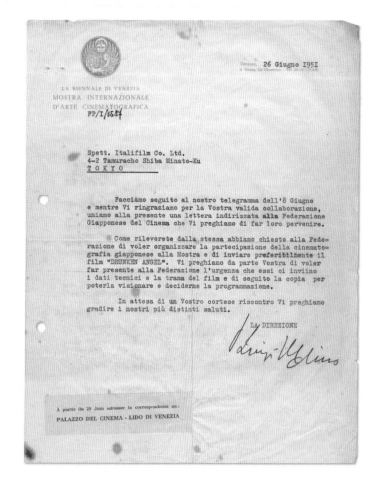

ヴェネツィア　1951年6月26日
ヴェネツィア・ビエンナーレ国際映画祭
東京都港区芝田村町4-2
イタリフィルム社　御中

　6月8日付けの貴社からの電報に関しまして、貴社の貴重なご協力に感謝するとともに、ここに送付いたします書状を日本映画連合会にお渡しくださるようにお願いいたします。

　上記の書状におきまして、我々は日本映画連合会に映画祭への日本参加を取りまとめること、またできれば『酔いどれ天使』を出品することを要請しております。貴社からも日本映画連合会に時間が差し迫っていることを説明し、緊急に作品情報と粗筋を我々に送付するようお伝え願います。また上映スケジュールの決定のためにはフィルムの試写が必要になりますので、フィルムのポジプリントの発送も早急にお願いいたします。

　貴社からの御返答をお待ちいたします。

敬具
事務局長

東京　1951年7月4日
ヴェネツィア国際映画祭事務局　御中

　当方からの6月20日付けの書状に続きまして、映画『羅生門』の粗筋とイタリア語訳を3部、またスチール写真を10枚送付いたします。
　イタリア語字幕入りのプリントは今月20日航空便で送付いたしますので、7月末までにはお手元に届くはずです。

敬具
社長　ジュリアーナ・ストラミジョーリ

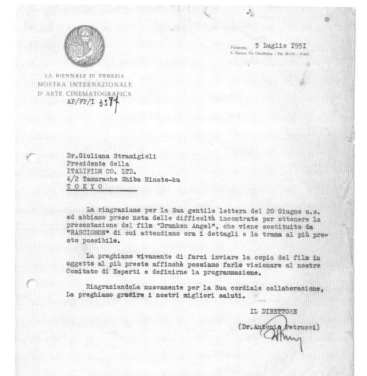

ヴェネツィア　1951年7月5日
ヴェネツィア・ビエンナーレ国際映画祭
東京都港区芝田村町4-2
イタリフィルム社　社長　ジュリアーナ・ストラミジョーリ殿

　6月20日付の貴殿からのお手紙ありがとうございました。『酔いどれ天使』の出品は困難であり、『羅生門』に変更される旨を承りました。『羅生門』につきましては早急に作品情報と粗筋をお知らせください。
　また、フィルムのポジプリントが早急に私たちのもとに送付されるよう手配くださるよう切にお願い申し上げます。当方の専門家委員会で試写をし、上映スケジュールを決定したいと存じます。
　最後にもう一度、貴殿のご協力に感謝いたします。

敬具
ディレクター　アントニオ・ペトルッチ

59

ジュリアナ・ストラミジョリ旧蔵 ヴェネチア映画祭出品関係覚書
Documents on the film presentation at the Venice International Film Festival,
formerly owned by Giuliana Stramigioli

大映とイタリフィルムの間で取り交わされた、映画祭出品の経費分担などを記した覚書。出品に関わる大半の
費用をイタリフィルムが負担することになっている。

濵野けい子氏所蔵（濵野保樹旧蔵）
Collection of Keiko Hamano
[Former collection of Yasuki Hamano]
©KADOKAWA 1950

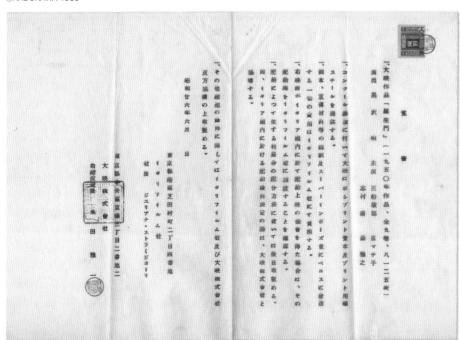

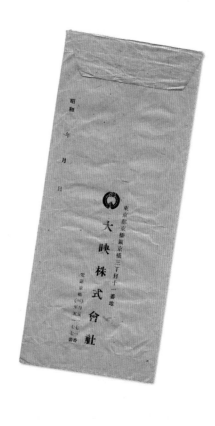

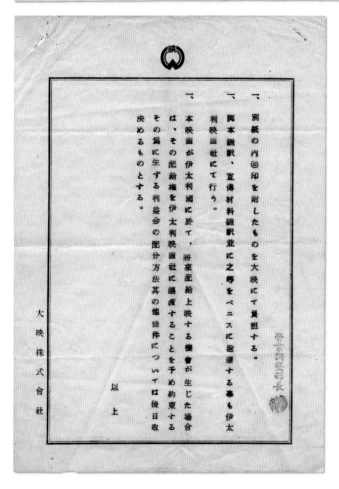

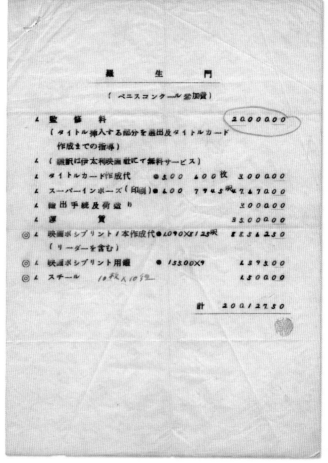

ジュリアナ・ストラミジョリ旧蔵 ヴェネチア映画祭出品関係覚書

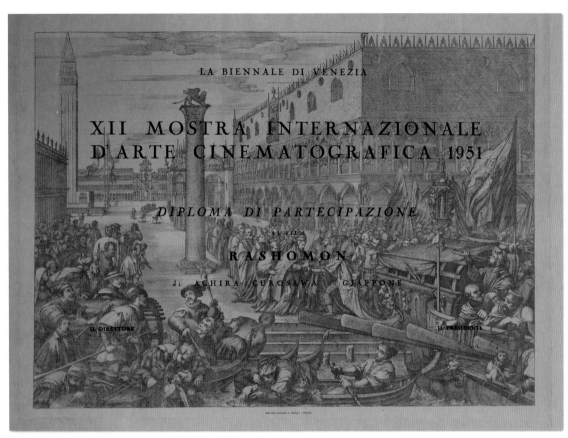

60
ヴェネチア国際映画祭参加証
Certificate of participation in the Venice
International Film Festival

株式会社KADOKAWA所蔵
Collection of KADOKAWA CORPORATION

57
「アサヒグラフ」1950年9月6日号記事
「日本語御堪能の方々」
"Those fluent Japanese speakers",
Asahi Graph, September 6, 1950

占領下の日本に暮らす、7名の日本語が堪能な人
物を紹介する記事。イタリフィルムの社長ジュリア
ナ・ストラミジョリはこのうち唯一の女性である。
なお、『羅生門』のヴェネチア国際映画祭出品に関
わるのはこの翌年である。

槙田寿文氏所蔵
Collection of Toshifumi Makita

65
ブロードウェイ版『羅生門』宣伝写真
Ad photos of Broadway version of *Rashomon*

この舞台版は西洋的な翻案ではなく、映画への敬意を表して、人物があくまで
日本人に見えるようにメイクを施しているのが分かる。

槙田寿文氏所蔵
Collection of Toshifumi Makita

67
「シアター・アーツ」1959年2月号
Theater Arts, February 1959

槙田寿文氏所蔵
Collection of Toshifumi Makita

Roll Call for 'Rashomon'

by Peter Glenville

The director of the stage version discusses all its elem...

A story with a compelling central situation is a magnet to any form of drama. In the theatre or cinema, colorful characters can emote and articulate their way through scenes of violent tension or unimpeachable rhetoric, but the audience is never deeply concerned or held unless the basic architecture of the plot has cohesion, focus and point. The over-all gesture of a good play or film can usually be recounted on a single page of script.

The original short story of *Rashomon* was written by Ryunosuke Akutagawa, an *avante-garde* Japanese writer who produced his work during the first quarter of the century. He was a detached and elusive man who wrote more than one hundred evocative and haunting short stories. He was considered a neurotic and paradoxical character by his contemporaries, and he committed suicide at the age of thirty-five. As is well known, his stories *Rashomon* and *In a Grove* were adapted for the screen, and a magnificent Japanese picture was the result; it initiated a strong interest in Japanese films, which is increasing every year.

I saw and enjoyed this film enormously, and when I first heard that Fay and Michael Kanin had adapted the stories into play form, I was skeptical. I remembered the film too well. However, when I read their script I realized that they had used the central situation of the stories and had retold them in terms that were essentially theatrical. Naturally the long, silent, visual images of action, of forests and skies, of men running through woods, and so on, were absent from the playscript. In the place of those visual-action shots, the Kanins had contributed dialogue, detailed characterization and a fluid sense of what the theatre itself, exclusively, can offer in terms of tension, dialogue, pantomime and pictorial effect.

Their script called for a large, intricate production, and the casting problems were considerable. Three of the leading actors have to portray four different versions of their characters. Those versions are at variance with one another and they are recounted in a police court, and are acted out by the cast as they are being described. In order to assemble what we consider the proper elements for the production of the play, we waited for nearly two years and now, as I write these lines, at last we are in what I think is known as "active preparation" for a Broadway opening.

It is our hope that the constituent elements of the play will evoke the Orient without in any way at-

tempting the conventions of the Japanese theat... Akutagawa's story itself has nothing in comm... with the style and method of Japanese play p... ductions. *Rashomon* is a Western play in a Japa... setting. In the case of *Rashomon*, unlike the oth... two productions with an Oriental slant that h... been presented on Broadway this season, the fa... that the characters are Oriental has no significa... in the story itself. There is no meeting of East a... West. There is no comment on the juxtaposition... cultures or races. In fact, the characters in Rash... mon are totally unaware that they are Oriental f... the simple reason that they are living amongst the... own race and give no thought to any other. It... for this reason that it would be pointless to call o... Oriental actors to portray the parts. We do n... necessarily expect to see Greek actors on Broadwa... in *Medea*, or French actors in *The Waltz of th... Toreadors*. In my opinion it is only when you mi... one nationality to another in a play or a film th...

(continued on pag...)

(continued on pag...)

Below: Three of the leading roles in Rashomon are played by... Noel Willman (center) and Rod Steiger. The play by Fa... Kanin is based on Japanese stories by Ryunosuke Akutaga...

Above: The Medium in the new stage version of Rashomon is represented in this painting by Oliver Messel, done expressly for THEATRE ARTS. Messel designed the scenery and costumes for the production.

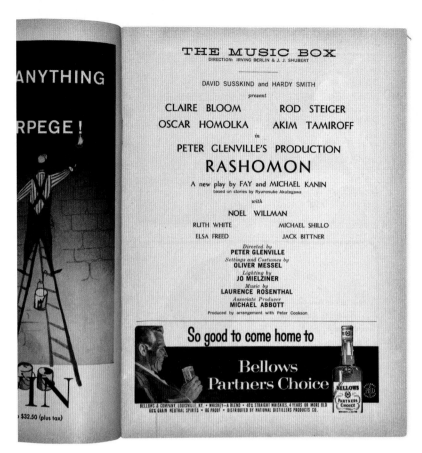

THE MUSIC BOX
DIRECTION: IRVING BERLIN & J. J. SHUBERT

DAVID SUSSKIND and HARDY SMITH

present

CLAIRE BLOOM   ROD STEIGER
OSCAR HOMOLKA   AKIM TAMIROFF

in

PETER GLENVILLE'S PRODUCTION

RASHOMON

A new play by FAY and MICHAEL KANIN
based on stories by Ryunosuke Akutagawa

with

NOEL WILLMAN

RUTH WHITE   MICHAEL SHILLO
ELSA FREED   JACK BITTNER

Directed by
PETER GLENVILLE
Settings and Costumes by
OLIVER MESSEL
Lighting by
JO MIELZINER
Music by
LAURENCE ROSENTHAL
Associate Producer
MICHAEL ABBOTT

Produced by arrangement with Peter Cookson

68
「プレイビル」1959年1月26日号　ブロードウェイ版『羅生門』記事
Article on Broadway version of *Rashomon*,
Playbill, January 26, 1959

槙田寿文氏所蔵
Collection of Toshifumi Makita

主な配役は以下の通り。

盗賊：ロッド・スタイガー
夫：ノエル・ウィルソン
妻：クレア・ブルーム
木樵り：エイキム・タミロフ

69
「プレイビル」1988年4月号　ブロードウェイ版再上演『羅生門』記事
Article on Broadway restaged version of *Rashomon*,
Playbill, April 1988

槙田寿文氏所蔵
Collection of Toshifumi Makita

66
フェイ＆マイケル・ケニン作 ブロードウェイ版『羅生門』原作（1959年）
Fay & Michael Kanin, *Rashomon*, adapted version for Broadway stage, 1959

キャサリン・ヘップバーン主演『女性No.1』（1942年）などで知られる映画脚本家マイケル・ケニンとフェイ夫人の共作。

槙田寿文氏所蔵
Collection of Toshifumi Makita

70
ブロードウェイ版『羅生門』
オリジナル音楽LPレコード（1959年）
LP record of Broadway version of
Rashomon, 1959

槙田寿文氏所蔵
Collection of Toshifumi Makita

71
『暴行』オリジナル版ポスター（1964年）
Original Poster for *The Outrage*, 1964

ケニン夫妻による演劇版の脚本をもとに、映画用に再度マイケル・ケニンが脚色したのがマーティン・リット監督の『暴行』である。物語はアメリカ仕様となっており、町の名士である大佐（ローレンス・ハーヴェイ）が殺されその妻（クレア・ブルーム）も暴行されるが、無法者（ポール・ニューマン）と大佐の妻、先住民のシャーマンを介して語る大佐は異なる証言をし、最後に探鉱者の男が真実を語る。『羅生門』で上田吉二郎に当たるペテン師役はエドワード・G・ロビンソンが演じた。

槇田寿文氏所蔵
Collection of Toshifumi Makita

72
『暴行』日本版チラシ（1964年）
Japanese flyer for *The Outrage*, 1964

槇田寿文氏所蔵
Collection of Toshifumi Makita

73

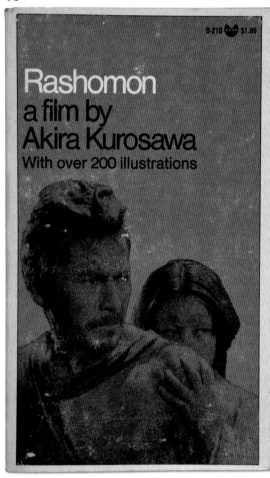

74

75

73, 74, 75

Donald Richie (ed.), *Rashomon: a film by Akira Kurosawa*（1969年）
Donald Richie (ed.), *Focus on Rashomon*（1972年）
Donald Richie (ed.), *Rashomon: Akira Kurosawa, director*（1987年）

英語圏での黒澤映画の評価を考えるにあたり、欠かすことができないのがドナルド・リチー（1924-2013）の存在である。1959年以来英語による日本映画の研究書を続々と発表、黒澤映画を紹介するのみならず、『羅生門』単独でも3冊の本の編者となっている。第1の書ではこの映画の全407カットの説明のほか、関連論文や200点以上の写真を掲載。2冊目以降は批評やエッセーが中心となっている。

槇田寿文氏所蔵
Collection of Toshifumi Makita

76

77

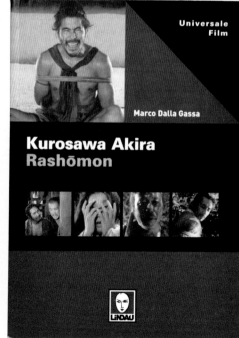

76

Patrick Rieder,
Akira Kurosawas "Rashomon"（2009年）

シド・フィールドの脚本分析手法による『羅生門』の研究書。

槇田寿文氏所蔵
Collection of Toshifumi Makita

77

Marco Dalla Gassa,
Kurosawa Akira: Rashōmon（2012年）

イタリアで刊行された『羅生門』の多角的な分析の書。

槇田寿文氏所蔵
Collection of Toshifumi Makita

78

79

78, 79
Paul Anderer, *Kurosawa's Rashomon*（2016年）
ポール・アンドラ著『黒澤明の羅生門』（2019年）

『羅生門』をめぐる最新研究のひとつ。コロンビア大学教授のアンドラは、『羅生門』を含む黒澤映画の死生観には、関東大震災体験や、自死した活動写真弁士の兄・黒澤丙午（須田貞明）の存在が横たわっていると論じている。

78: 槙田寿文氏所蔵
78: Collection of Toshifumi Makita
79: 国立映画アーカイブ所蔵
79: Collection of NFAJ

80
Blair Davis, Robert Anderson and Jan Walls (ed.),
*Rashomon Effects: Kurosawa, Rashomon and
their legacies*（2016年）

『羅生門』が映画史に与えた文化的、美学的影響を論じているほか、英語圏における「羅生門効果」という語の使われ方についても述べている。

槙田寿文氏所蔵
Collection of Toshifumi Makita

「羅生門効果」とは

ひとつの出来事について、複数の人間が矛盾する別々の証言を行ったために真実が分からなくなってしまう現象は、この映画にならって「羅生門効果」（Rashomon effect）と呼ばれ、心理学・犯罪学・社会学のほか、政治スキャンダルや外交上の曖昧さを示す記事のタイトルにもしばしばこの語が使われる。また映画作りにおいても「ラショーモン・スタイル」「ラショーモン・アプローチ」といった形で使われることがある。

81
Allan Mazur, *A Hazardous Inquiry: The Rashomon Effect at Love Canal*（1998年）

映画以外の分野で、「羅生門効果」を題名に冠した著作。1978年に米国ナイアガラの滝近くのラブ運河（キャナル）で起きた有害物質による環境汚染問題について、複数の関係者が矛盾した証言をしたことから著者は本書の題名をそのように付した。この事件は米国の代表的環境汚染問題であり、さまざまな法改正の転機となった。

槙田寿文氏所蔵
Collection of Toshifumi Makita

83
アメリカ 初公開版(1952年)
US poster, 1952

槙田寿文氏所蔵
Collection of Toshifumi Makita

84
アメリカ 初公開版［レヴュー版］（1952年）
US Review poster, 1952

槇田寿文氏所蔵
Collection of Toshifumi Makita

85
西ドイツ　初公開版（1952年）
West German poster, 1952

槙田寿文氏所蔵
Collection of Toshifumi Makita

86
西ドイツ リバイバル公開版（1959年）
ハンス・ヒルマン作
West German re-release poster, 1952
Created by Hans Hillmann

槇田寿文氏所蔵
Collection of Toshifumi Makita

87
スウェーデン 初公開版（1953年）
Swedish poster, 1953

槇田寿文氏所蔵
Collection of Toshifumi Makita

88
ポーランド 初公開版（1958年）
ヴォイチェフ・ファンゴル作
Polish poster, 1958
Created by Wojciech Fangor

槇田寿文氏所蔵
Collection of Toshifumi Makita

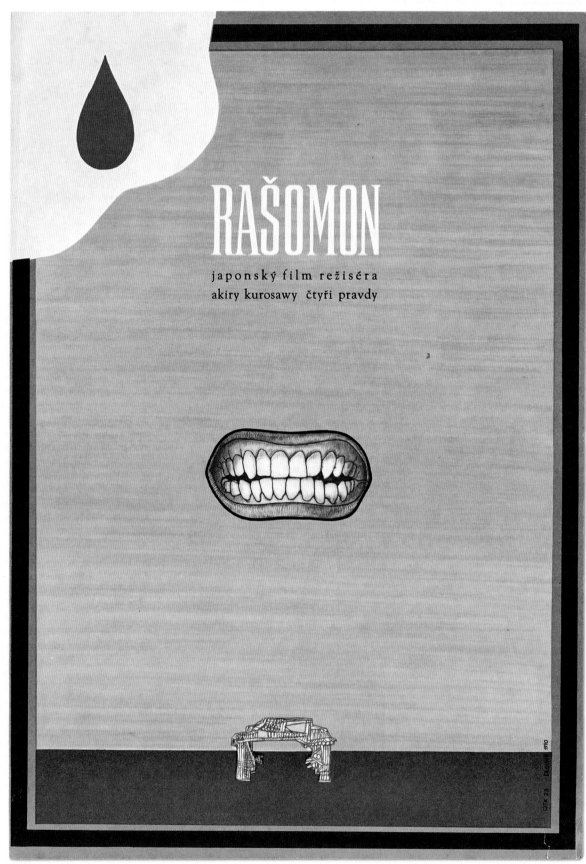

89
チェコスロヴァキア　初公開版（1970年）
ベドジヒ・ドロウヒー作
Czechoslovak poster, 1970
Created by Bedřich Dlouhý

槙田寿文氏所蔵
Collection of Toshifumi Makita

90
イタリア リバイバル公開版
Italian re-release poster

槇田寿文氏所蔵
Collection of Toshifumi Makita

91
イタリア版写真ポスター（フォトブスタ）
Italian fotobusta

槇田寿文氏所蔵
Collection of Toshifumi Makita

93
イギリス デジタル復元版（2009年）
UK restored version poster, 2009

槇田寿文氏所蔵
Collection of Toshifumi Makita

92
アメリカ デジタル復元版（2009年）
ケント・ウィリアムズ作
US restored version poster, 2009
Created by Kent Wiliams

槙田寿文氏所蔵
Collection of Toshifumi Makita

94

95

96

94
ユーゴスラヴィア[セルビア]版プレス資料
Yugoslavian [Serbian] press material

95
西ドイツ版プレスシート
West German press sheet

96
東ドイツ版プレスシート
East German press sheet

槇田寿文氏所蔵
Collection of Toshifumi Makita

97

アメリカ版キャンペーンブック（1957年）
US campaign book, 1957

槙田寿文氏所蔵
Collection of Toshifumi Makita

99
アメリカ デジタル版完成記念上映会プログラム（2008年）
US program for premiere screening of restored version, 2008

100
アイスランド版上映プログラム
Icelandic screening program

101
西ドイツの雑誌「フランクフルター・イルストリールテ」1952年8月10日号
Frankfurter Illustrierte, August 10, 1952

102
ユーゴスラヴィアの雑誌「ドゥガ」1953年4月号
Дуга [Duga], April 1953

槙田寿文氏所蔵
Collection of Toshifumi Makita

102

101

98
アメリカ オリジナル版ロビーカード
US Lobby Cards

槙田寿文氏所蔵
Collection of Toshifumi Makita

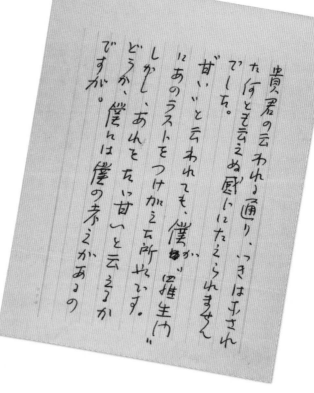

前略
お手紙ありがとう。
目下仕事中で大変ほ返事が遅く
ぶってすみません。
お手紙の内容大変うれしく思ひまし
た。
僕も"羅生門"より"白痴"の方が
好きです。
また、"自轉車泥棒"のラストも、

貴人君の云われる通り、"いきは出され
でした。
"甘い"と云われても、僕が"羅生門"
にあのラストをつけ加えた所以です。
しかし、あれをもっと甘いと云えるか
どうか、僕は僕の考えがあるの
ですが。

中村様

黒澤明

次の作品は、九月に封切の筈で
すが、その節はまた違う手紙を下さ
い。

103
黒澤明直筆 ファン宛書簡（1952年）
Letter from Akira Kurosawa to his fan, 1952

鳥取市在住の黒澤ファンに宛てた手紙。世評を勝ち得た『羅生門』より不遇の『白痴』の方が好きだと堂々と述べていることに驚かされる。また当時は、人間の善き心を信じる『羅生門』のラストシーンが「甘い」と批判されていたことが窺える。なお、最後に述べられている9月公開の映画とは『生きる』のこと。

横田寿文氏所蔵
Collection of Toshifumi Makita

特別展示

「羅生門」セット再現模型
Rashomon set miniature (1/10 scale)

日本映画・テレビ美術監督協会の創立80周年を記念して制作された1/10スケールの再現模型。当時の図面が存在しないことから、映画美術監督の安藤篤氏が実際の映画の画面を分析して再設計したものである。この模型は2020年2月、「映画のまち 調布シネマフェスティバル2020」にて初展示された。

制作・提供　日本映画・テレビ美術監督協会
Created and presented by The Association of Production Designers in Japan
西村光司氏撮影
Photographed by Koji Nishimura

間口: 281.8cm（9.3尺）
奥行: 190.9cm（6.3尺）
奥行（正面石段含）: 204.5cm（6.75尺）
総高: 175.7cm（5.8尺）
Frontage: 281.8cm
Depth: 190.9cm
Depth (including front stone steps): 204.5cm
Total height: 175.7cm

大映京都撮影所前にて
In front of Daiei Kyoto Studio

左から三船敏郎、京マチ子、黒澤明、森雅之
From the left: Toshiro Mifune, Machiko Kyo, Akira Kurosawa, Masayuki Mori

論考

黒澤明『羅生門』の空間と構成

北村匡平

デジタル技術時代の『羅生門』

　70年という長い歴史を超えて批評に耐え続け、その度に新たな一面をのぞかせて観客を魅了する黒澤明の『羅生門』——。「フェイクニュース」が溢れ、虚偽であっても個人に都合のよい情報が好まれる「ポスト・トゥルース」の時代において『羅生門』は再び異彩を放っている。1950年に生まれて以来、この作品へのもっぱらの関心は、殺人事件に対する4人の証言の食い違いをめぐって何が真実で何が嘘かの探究に向かった。しかし真実と虚偽の間に境界線を引くことよりも人の情動を揺さぶる刺激のほうが重視されるSNS社会において、こうした探究の意義は失われてしまう。現代のメディア社会において事実か虚偽かは重要ではなく、客観的な真実などあるはずがないからである。だからこそ、それが「フェイク」であっても、自分に都合よく「物語化」して自己陶酔する登場人物たちは、異様なリアリティをもって私たちの前に立ち現れるのだ。

　「真実」があたかも存在するかのように犯人を推理することの不毛。複数の人間が都合よく解釈した主観の映像を理屈から捜査したところで、導かれた結論は複数の「正解」にすぎない。むろん異なるアプローチも為されてきた。逐一挙げることはできないが、原作となった芥川龍之介の「藪の中」との異同から作家性を捉える分析、橋本忍の初稿から黒澤との協働を辿る映画の生成プロセス、三船敏郎や京マチ子などを取り上げた俳優論、占領期という歴史的コンテクストに配置して作品を捉え直す試み等々——これほど豊かな批評を成立させる作品に、改めて私たちは驚きを禁じ得ない。近年のめざましい成果としては、『羅生門』のジェンダー表象を問題化する研究と、作品に作家の人生を重ねて個人的なフィルムとして本作を再解釈したポール・アンドラの批評だろう *1。

　だが、複数の当事者たちが主観的に過去を回想する異なるスタイルの構成や関係性については、きちんと論じられてこなかった。もちろん類を見ない撮影技術で驚嘆させた宮川一夫の技術にフォーカスしたり、早坂文雄のボレロ調の音楽と映像の関係を論じたり、撮影や音楽から『羅生門』を捉えようとした書物はある *2。だが、もっと細部に分け入ってこの多彩な映像の部分と全体の関係性を明らかにしなければ、『羅生門』というブラックボックスのようなテクストを摑まえたことにはならない。

　黒澤はハリウッド映画のようにダイナミックな「動き」を特徴とする作家として知られている。ここでいう映画の「運動」とは、スクリーンに映る俳優の「動き」だけではない。①背景や人物も含めたスクリーン内部の運動、②ショット間の運動（編集）、③カメラそれ自体が作り出す運動（フレーム）——こうした3つの映像の運動性に音響を含めたアンサンブルが、黒澤映画の「動」と「静」の映像を形づくっているのだ。とりわけ本稿では空間と撮影技法、構成に着目して『羅生門』を捉え直してみたい。

映像を測量する——検非違使庁

　1フレームごとに映像を動かして分析できるソフトウェアで『羅生門』を分析すると、全体は420のショットで構成され、ASL［Average Shot Length：1ショットあたりの平均時間］は12・5秒である。だがこの作品にあって、こうした数値はほとんど意味を為さない。なぜなら『羅生門』はショットの長短の差が著しく、空間や場所に基づいてかなり異なるシーンとして設計されているからである。要するに、舞台となる羅生門の下、回想される森の中、証言する検非違使庁で、ショットの長さや撮影技法、編集がずいぶんと異なっているのだ。

　まず検非違使庁で証言をする3人（盗賊の多襄丸・殺される侍の武弘＝巫女・その妻の真砂）に、杣売り、旅法師、放免を加え、この場所に限定したASLを計測すると24・6秒、映画全体の約2倍に延びる。さらにこ

表1 『羅生門』におけるASL構成表

	ASL	カメラの移動率
映画全体	12.5秒	38%
羅生門の下	16.4秒	22%
森の歩行（杣売り）	8秒	86%
森の中（多襄丸）	7.3秒	44%
森の中（真砂）	10.4秒	30%
森の中（武弘＝巫女）	15秒	31%
森の中（杣売り）	13.5秒	41%
検非違使庁（多襄丸）	26.4秒	33%
検非違使庁（真砂）	47.7秒	0%
検非違使庁（武弘＝巫女）	13.5秒	47%
検非違使庁（合計）	24.6秒	31%

こを舞台とする全ショット中、カメラが移動するショットの割合は31％である *3。検非違使庁の映像はフィックスでの長回しが基本で、証人がカメラに向かって自分の主張を訴える形式となっている。ここでは動きよりも台詞が優位になり、説話によって物語が進行するのが特徴である。黒澤が本作の製作において、無声映画に立ち返って映画の原点を探りたいと述べたことは有名だが *4、ここではカメラが検非違使の眼となり、むしろ映画以前の演劇的空間に接近する。

　主要人物たちによって時間の使い方や撮影技法が違う点も注目すべきである。たとえば、検非違使庁における多襄丸の場面のASLが26・4秒でほぼ平均と同じなのに対して、真砂が47・7秒と異様に長い。しかも多襄丸のカメラの移動率が33％なのに対し真砂は0％、野獣のように肉体を動かす三船敏郎とは対照的に、常に静的なカメラで京マチ子が映されるのだ。ちなみに全編の中で1分46秒におよぶ最長のショットは、この京マチ子の証言のシーンにある。

　興味深いのは死んだ武弘の声を代理する巫女の場面である。巫女を捉えるカメラの移動率は47％と約半分は動きのあるショットで構成されている。それに加え、巫女自身がクルクルと旋回したり、前後に激しく動いたりすることで、過剰に運動性が強調される。その一方、回想される武弘のシークェンスの後半は30秒から40秒の長回しが多用されている。前半に10秒程度の短いショット群が集まっていることや、対比的に動的な巫女のショットが挿入されることで、後半の彼の自殺の時間はいっそう引き伸ばされたように緩慢に感じられる。

　注目すべきなのは、多襄丸／真砂の検非違使庁での証言が回想シーンに切り替わるとしばらく戻ってこないのに対して、巫女の場面では、森で自殺する武弘のシーンの間に検非違使庁での巫女のショットが何度も挿入されることである。長回しとロングショットが基調となる森の中のシーンに、対極にある躍動的な巫女のショットがモンタージュされることによって、彼の叙情的な自殺と静謐な時空間を印象づけるのだ。

映像を解体する──森の中

　真砂が多襄丸に強姦され、殺害された武弘の犯行／自殺現場となった森の中は、人物ごとにいかに描き分けられているだろうか。それを検討する前にまずは序盤、すなわち宮川一夫の撮影技術が絶賛された杣売りの森の歩行から見ていこう。冒頭、羅生門の下で杣売りと旅法師に下人が加わって話し始めるシーンは、豪雨による背景の動きはあるものの、静止画的ショットがつながれ、俳優の動きもカメラの動きもほとんどない。検非違使庁と同じく説話優位だが、カメラ・ポジションが動くため、演劇性というより説話中心のトーキー映画のような佇まいである。そして杣売りによる事件の回想（森の歩行）でトーキー以前のアヴァンギャルドな無声映画に遡り、画面は突如として運動感覚を引き出す。

　台詞がほぼなくなる4分弱の杣売りのシーンは、それぞれの証言が矛盾して何が本当かわからない『羅生門』の作品世界＝「藪の中」へと誘導する機能がある。このシーンの特徴は何といっても移動撮影の多さである。シーンのASLは8秒、29のショットのうちフィックスはわずか5つ、86％の移動率で場面が構成されている。藪の中へと足を進める杣売りを多角的に捉えようとするショット群は天才カメラマンの面目躍如たる技術、見事というほかない。

　このシーンの素晴らしさは、作品の主題を体現するかのような撮影技法と編集の卓抜さである。通常、映画において目的地に向かって人物を進ませる場合は、スクリーンの方向づけによって一定の映像的力学を持たせることが多い。だが、この杣売りの移動とカメラはそうしたルールを破り、右左・前後・斜めの動線を引き、四方八方からパン［カメラの首を左右に動かす撮影］やトラッキング・ショット［カメラ自体が左右・前後に移動する撮影］で捉えることによって方向感覚を失わせる。観る者を攪乱させるこうした映像に、同一のリズムやメロディーを反復するボレロ調の楽曲が加わることで、抜け出せないループの中に放り込まれたような感覚に陥るのだ。

続いて3人の証言者たちの森の中のシーンを比較してみよう。まず多襄丸の回想は、力ずくで女を手に入れ、武士と勇敢に戦って殺した名うての盗賊として自己アイデンティティを創造するため躍動的で豪快なアクションが多い。本作における音響は回想者の心理を注釈する。したがって勇猛果敢な盗賊として描写される彼にはバスーンやパーカッションの力強い音が付される ＊5。映像技法もそれを助長するようにASLは7・3秒、杣売りを含む証言者の中でもっとも短く、カメラの移動率も44％と一番高い。森の中の疾走は、フレームサイズとレンズを変えてパンで撮ったショットが連結される。人物の手前にショットごとに異なる葉っぱを出したり、木々の後ろを走らせたり、あるいは背後に林を流したりすることで画面内はスピード感を醸成する。

殺陣のアクションシーンでも編集に巧妙な仕掛けがある。周知のように映画は基本的に1秒間24フレームで構成され、24コマの静止画を連続して映写する。肉眼では視認が難しく1フレームごとに見ていかないと気づかないが、たとえば縛られた縄をほどき2人の死闘がはじまる場面を取り上げると、まず画面奥に多襄丸が武弘を追いかけていく姿が超ロングショットで捉えられる。迎え撃つ武弘が剣を一振り、その途中でアクションをつないでカメラは彼の背後に移動し、反対側からミディアム・ロングショットでその一撃を映し出す。通常ならばこうしたアクションつなぎはその途中からショットを自然につなげていくが、ここではカメラ・ポジションを変えて一振りが繰り返されている。素早い動きで大胆に視点とショットサイズが変えられるため自然に見えるが、再生スピードを落とすとそのアクションが反復されていることがわかる。その直後に追い詰められた武弘が相手を突き刺そうと反撃するショットでも、ミディアム・ショットから反対側に移動してロングショットでアクションつなぎをする。ここでもやはり一振りの途中でつながれる次のショットではアクションが少し前から繰り返されている。さらにその直後に奥に向かって歩いている多襄丸が振り返って一撃を食らわせようと腰をかがめて剣を振るうショットも、ハイアングルの超ロングショットからミディアム・ショットに切り替えつつ、アクションを反復させる。もちろん殺陣ではないアクションは動きを反復させることなく自然に動作の途中でつないでいる。ここでのチャンバラのアクションは、意図して2〜3フレーム前のアクションを重ねて観客に見せているのだ ＊6。大胆なカメラ・ポジションの移動とショットサイズの変更によって成立するこうした編集テクニックは、多襄丸の主観的イメージにふさわしく、瞬間的な動きを躍動的でダイナミックなアクションとして描出する効果がある。

真砂が回想する森の中のシーケンスはASLが10・4秒、カメラの移動率が30％と平均的だが、途中からショットの性質とパフォーマンスが「静」から「動」へと変化していく。まず前半は強姦した盗賊が去っていくところから始まり、縛られた夫、突っ伏して泣く妻の姿をフィックスで捉える。静かに「ボレロ」の伴奏とともに2人が映し出された後、夫の蔑んだ冷酷な眼差しを前に短刀を手にして夫の縄を切ると、彼女は自己陶酔的に悲劇のヒロインへと変貌する。それとともにカメラは左右のパン、前後の移動ショットを開始し、反復するリズムを刻む「ボレロ」の音響が大きくなる。感情の昂まりを体現するかのように、「動」の京マチ子の映像にモンタージュされるのが1秒強の森雅之の冷酷な眼差しのクローズアップだ。陶酔感を体現する映像と、恍惚感を助長する音楽が、京マチ子のパフォーマンスと絶妙なアンサンブルを創出するのである。

武弘の回想の特徴は、詩的といってよい映像の冗長さにある。だが、これを体感させているのはあくまで相対的な映像の関係性である。先述したようにフラッシュバックがロングショットを基調に静的な空間を作り上げている一方で、それに言葉を与える検非違使庁での巫女の映像は動的だ。武弘の回想のALSが15秒と森の中の場面ではもっとも長く静謐なシーンで構成されているのに対して、巫女の場面のALSは13・5秒と検非違使庁の中ではもっとも短く躍動的である。これもまた対極のショットを衝突させる黒澤的な映像技法だと見てよい。他の2人が検非違使庁ではショットが長く、回想される森の中は短いのに対して、武弘＝巫女の場合は反転、つまり森の中よりも検非違使庁のほうがASLが短く、森の中の孤独な時間を引き伸ばし、映像の余白とともに自殺を叙情的に表現しているのだ。

最後に事件の目撃者から関係者であることが明らかになる杣売りの回想は、3人のフラッシュバックとはまったく性質が異なるものとして作られている。まずこれまでの3人の陶酔的な自己造形に添えられていた音楽がなく、聞こえてくるのはひぐらしの鳴き声、ASLは13・5秒と、多襄丸による回想の約2倍ほど長いショットで構成され、ドキュメンタリー的な映像として提示される。人物によって楽器を使い分け、過剰なフィクション性が前面に押し出されていた3人の回想とは異なり、明らかに第4の証言者はリアリズムを志向している。そのためこれまで3人にあった、回想する当事者の映像のモンタージュと声（ナレーション）は排除され、過去の映像はそれ自体として切り離されているのだ。むろんだからといって、これが「真実」である保証はなく、むしろありのままを物語ろうとしている杣売りの欲望の投影だと見たほうがよいだろう。

映画史を包摂する

　記憶を歪めて自己を外在化（美化）して物語ること——。作り手にとって『羅生門』は、創造力の源泉であり、複数の創作を映像化する技術の実践の場である。自己イメージを虚構化する創作行為を支える撮影と音響、演出と編集、本作ではこうした映像技法が絶妙な効果を発揮していることを見逃してはならない。映画『羅生門』の魅力は場面や空間ごとに、「異なる映画」といってよいほど鮮明に描き分けられたテクニックの洗練にあるのだ。

　杣売りや旅法師が語る羅生門の下の場面では、樹木の垂直の線とティルト・アップ／ダウン［カメラの首を上／下に動かす撮影］するカメラの「縦の移動」が中核を担い、検非違使庁の場面では人物に合わせたカメラの前進／後退の移動が一貫して使用されている。ここでは巫女の場面でわずかに横のパンが入るが、地面と水平に「前後の移動」が中心となる。森の中は一変、ショットサイズとカメラの移動は豊富なヴァリエーションを見せ、とりわけパンやトラッキング・ショットを使った「横の移動」が水際立っている。

　複数の主観的な語りの形式は、作品に「反復」の構造を盛り込む。そして殺人現場を多元的な視点から回想＝反復することで差異が立ち上がってくる。こうした差異化を決定づけているのは繰り返されるストーリー自体ではない。ナラティヴを構成する、あらゆる映画的技法である。だから黒澤は、事件の語りだけではなく、反復を構造化する。たとえば盗賊の回想に、「同ポジション」の構図を使って4番目の証人である杣売りが傍観した視点ショットをインサートしている。あるいは太陽の木漏れ日を見上げる風景のショットを撮影技法や構図を変えて繰り返す。音楽も同様で、覚えやすい旋律と繰り返されるリズムが特徴のラヴェルの「ボレロ」のレコードを黒澤が早坂に差し出して音楽を作らせたのは必然であったといえよう *7。

　『羅生門』に関しては黒澤の言明通り、これまで「無声映画に立ち返る」ことばかりが強調されてきた。確かに序盤の杣売りの森を歩行するシーンは無声映画に違いない。だが、この作品の真の豊かさとは、それにとどまらず舞台＝演劇的な検非違使庁の場面、トーキー映画の魅力が盛り込まれた森の中のシーン、あるいはポール・アンドラがオフスクリーンから武弘に声を与える巫女を活動弁士と見立てているように、映画説明者のような声と映像が織りなす場面 *8、いうなれば「映画史の総括」と見做せる包摂力にあるのではないか。事実、本作における演技はリアリズムというよりオーバーなアクションの無声映画に接近し、統一された画調を破壊しかねないワイプやディゾルヴなどあらゆる技巧が駆使されている。初期映画に特有の刺激、バラバラの画と声で観客の視聴覚に訴える活弁時代の無声映画の魅力、アヴァンギャルド映画の前衛表現、洗練されたハリウッドの物語映画の技巧——『羅生門』には半世紀にわたるフィルムの歴史を抱擁する映像的力学が宿っているのである。

（きたむら・きょうへい：東京工業大学リベラルアーツ研究教育院准教授）

【註】
* 1　今成尚志「黒澤明『羅生門』におけるジェンダー表象について」、『言語社会』(4)、2010年、331–349頁。ポール・アンドラ『黒澤明の羅生門——フィルムに籠めた告白と鎮魂』北村匡平訳、新潮社、2019年。

* 2　渡辺浩『映像を彫る——撮影監督 宮川一夫の世界』[改訂版] パンドラ、1997年。西村雄一郎『黒澤明と早坂文雄——風のように侍は』筑摩書房、2005年。関谷浩至「『羅生門』の音楽と早坂文雄」（岩本憲児編『黒澤明をめぐる12人の狂詩曲』早稲田大学出版部、2004年所収）。

* 3　移動が含まれているショットを1とカウントし、検非違使庁の全ショット数で割って算出。ここでのカメラの移動とは、パン／ティルト、トラッキング・ショットなどカメラが移動することによってフレームが動くショットすべてを含んでいる。

* 4　たとえば黒澤自身の自伝『蝦蟇の油——自伝のようなもの』岩波書店、1990年、332–333頁。

* 5　武弘にはクラリネットとチェロ、真砂にはフルートとハープと各人を表現する楽器が固定されている（西村、前掲書、580頁）。

* 6　スクリプターの野上照代によれば、大映は当時ネガで編集しており甘めにつないでラッシュで見るという慣習だったが、ポジ編集の東宝で育った黒澤はそれを嫌がり大映で初めてポジのラッシュ・プリントを焼いた。編集マンの映像を見てガッカリした黒澤は全部元に戻してやり直したという。野上照代「上手な玉突きを思わせる二台カメラの複雑な移動」、『黒澤明ドキュメント』キネマ旬報社 [キネマ旬報復刻シリーズ]、1997年、168頁。

* 7　西村雄一郎『黒澤明——音と映像』立風書房、1998年、129頁。

* 8　アンドラ、前掲書、277頁。

IT-One Quest 開発の経緯

2019年12月のある日、映像産業振興機構（VIPO）の槇田様から「ちょっと、来られる?」と某所に呼び出しを受けました。そこで見せていただいたのは、野上照代さんの台本『羅生門』です。
「え! 本物?」
取り扱いに注意しながら恐る恐る中を開くと野上スクリプターの書き込みがびっしりで、まさに国宝級の資料です。
「これ! デジタル化出来る?」
「そりゃあ、出来ますけど…どうするの?」
「今回の展覧会では野上さんのご厚意により、台本の貸し出しとデジタル化をご了承いただいた。宮川キャメラマンの台本もご遺族のご厚意ですでにデジタル化された画像を使えるとのことで、2冊の書き込みを比較研究すると映画『羅生門』についての新しい発見が有るはずだから、デジタル化させていただいて分析しよう」とのこと。
他に3人の黒澤明監督研究家を招集し、5人でこの大変貴重な資料の研究活動を開始する。
「複数の台本のあの頁この頁、映像はどう?」などと、ああだこうだ。デジタルデータの参照はかなりの煩雑な作業になる。
そこで、3冊の台本と映像をリンク（台本のページに合わせて映像が同期）したら研究活動がスムーズに進むのではないかと言う思いから今回のシステムを発想。

> 『研究者が研究活動を効率的に出来る。
> そして、展示物としても観て楽しめるシステム』
> （研究成果を表示投影する映写機のようなシステム）

同期された画面に研究成果を解説として表示する。研究成果を双方向の操作で確認出来、更に撮影時のスティール写真等も表示して見る人も撮影当時の臨場感を感じられるような展示物を目指す。
デジタルデータは、再利用することによって真にその価値が向上しますが、これまでの国内における映画関連のデジタルデータの扱いは、Web上から参照閲覧ができる静的な利用しかなかったと記憶します。
一方、動画共有サイトの、多くの映像データが氾濫している現状には違和感があります。違法な利用者が得をして正規の手続きで頑張る真の研究者が、多額の費用負担を課せられる不条理な状況を改善し、多くの研究者が分析研究出来る環境の整備を強く欲します。これからの研究者の活動に少しでも貢献できれば幸いです。

IT-One Quest 機能紹介

本展覧会においては、実際に映画撮影で使用された台本をデジタル化したものと撮影された映画のシーンを比較しながら閲覧することが可能な展示を提供しております。
台本には持ち主の書き込みがあり、複数（今回は2名、3冊）の台本を同時に表示して比較することで、映画撮影における個々の役割が異なるということが読み取れます。
また、台本のページに対応した各シーンの動画が連動して表示されているだけでなく、研究者による解説文とともに撮影当時のスティール写真が連動して表示されることで、映画作成の背景についての考察をさらに深めるものとなります。

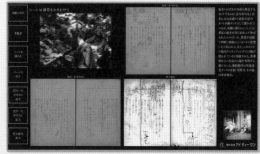

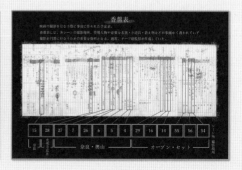

今回は展示対象が映画であったことから、台本とともにデジタル化された香盤表をもとにシーンを選択することも可能となっており、台本通りの流れでなく、撮影の進行スケジュールに沿った流れという異なる視点から映画を再考することが可能になっております。

当初、大画面タッチディスプレイを設置し、来館者がそれぞれ直接画面をタッチ操作するものを想定しておりましたが、新型コロナウイルス感染症拡大が警戒される状況下での開催が決定されたことで、非接触での操作を再検討し、本展覧会においてはモーションセンサーによる操作を採用いたしました。

操作可能なボタンを極力減らし、また大きく表示させ、モーションによる非接触での疑似的なマウス操作を実現しました。

IT-One Quest プラットフォームソリューションのご紹介

IT-One Questは、機能紹介にてすでに述べてきた通り、デジタルデータの連動を行うことにより、コンテンツ同士の同時比較を可能にします。

デジタルデータをデータベースに登録し、同時に表示させたいデータ同士の紐づけを設定することで、これを実現しています。

登録するデジタルデータは、動画、静止画、テキストなど、形式を問わず登録でき、比較対象数の増減、表示位置の変更も可能です。

表示されているデータはそれぞれ拡大が可能となっており、比較してご覧いただく中で、1つのデータを詳細に調べたい場合において別途資料をご用意いただく必要がなく、同時に参照することが出来ます。

当プラットフォームソリューションは、開発経緯に述べましたとおり、展覧会だけでなく研究者による研究活動、デジタルデータをお持ちで、必要とされる方どなたにでもご利用いただけるシステムです。

コンテンツデータを登録することにより様々なシーンで活用いただけます。

資料を同時に見比べ、比較することによって新たな発見や考察を導出させたいといった研究において、特にご活用いただけます。

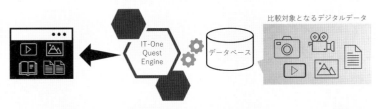

株式会社 アイ・ティー・ワンについて

株式会社アイ・ティー・ワンは、1998年の創業より、「社是：先進技術をもって社会に貢献する、基本理念：誠意と信頼」という企業理念のもと、
お客様のビジネス拡大にシステム面から貢献して参りました。
2011年に三菱総研グループに参画、社会インフラを支える基盤技術での強みを生かしながら、
近年ではアプリケーション開発、クラウドサービスを経て、AIやブロックチェーンなどの先進技術の蓄積に努めております。
メインフレームから最新技術まで幅広い技術を活用し、社会貢献を目指しております。

お問合せ先

IT-One Questについてのご質問・ご相談につきまして、下記お問合わせ用のアドレスへメールにてお気軽にお寄せください。
コーポレートホームページからもご連絡頂けます。
URL：https://www.it-one.co.jp/
E-mail：e-contact@it-one.co.jp

株式会社 アイ・ティー・ワン

凡例
掲載品の図版には、展示品番号、展示品名、刊行・発売・制作年、所蔵・協力先の順に和文と英文で記載した。表記のないものは不明のものである。
収録品、展示品番号および掲載順は、展覧会会場と必ずしも一致しない。
本書に未収録の展示品については、＊を付して明示した。

Illustrations of recorded items are listed in Japanese and English in the following order: exhibit number, exhibit name, publication or release or production year, collection or cooperated partner. Those without a notation are unknown.
The recorded items, exhibit numbers and order of publication do not always match the exhibition venue.
Exhibits not included in this book are clearly indicated by adding ＊ to the list of exhibits.

1　芥川龍之介「藪の中」[『将軍』(1922年)所収]
Ryunosuke Akutagawa, "Yabu no naka [In a Grove]", in *Shogun*, 1922
日本近代文学館
Collection of The Museum of Modern Japanese Literature

2　芥川龍之介「羅生門」[『羅生門』(1917年)所収]
Ryunosuke Akutagawa, "Rashomon", in *Rashomon*, 1917
日本近代文学館所蔵
Collection of The Museum of Modern Japanese Literature

3　羅城門(羅生門)復元模型
Photo of Rajomon (Rashomon) gate miniature
京都府京都文化博物館協力
Cooperation of The Museum of Kyoto

4　橋本忍「羅生門物語」[デジタル展示]
Shinobu Hashimoto's manuscript of *Rashomon monogatari* [Rashomon Story]
株式会社黒澤プロダクション協力
Cooperated by Kurosawa Production Inc.

5　「羅生門物語」黒澤監督のメモ[デジタル展示]
Akira Kurosawa's notes in *Rashomon monogatari*
株式会社黒澤プロダクション協力
Cooperated by Kurosawa Production Inc.

6　黒澤明『羅生門』創作ノート[デジタル展示]
Akira Kurosawa's notes for creation of *Rashomon*
株式会社黒澤プロダクション協力
Cooperated by Kurosawa Production Inc.

7　『羅生門』企画シナリオ
Planning script for *Rashomon*
東映太秦映画村・映画図書室所蔵
Collection of Toei Kyoto Studio Park Movie Library

8　本木荘二郎旧蔵『羅生門』台本
Script for *Rashomon*, formerly owned by Sojiro Motoki
国立映画アーカイブ所蔵（本木荘二郎コレクション）
Sojiro Motoki Collection of NFAJ

9　「中日映画新聞」1950年7月15日号「『羅生門』製作前記」
Akira Kurosawa, "Before shooting Rashomon", *Chunichi Eiga Shimbun*, July 15, 1950.
槙田寿文氏所蔵
Collection of Toshifumi Makita

10　『シナリオ 羅生門』(1952年)
Script book of *Rashomon*
槙田寿文氏所蔵
Collection of Toshifumi Makita

11　『羅生門』扁額の再現画
Reproduction painting of Rashomon gate tablet
制作　山崎背景
提供　日本映画・テレビ美術監督協会
Created by Yamazaki-Haikei
Presented by Association of Production Designers in Japan

12　松山崇旧蔵『羅生門』写真アルバム
Photo album of *Rashomon*, formerly owned by Takashi Matsuyama
玉川大学 教育学術情報図書館所蔵
Collection of Tamagawa University Library and Multimedia Resource Center

13　「大映京都撮影所通信」(1950年)
Daiei Kyoto Studio News, 1950
槙田寿文氏所蔵
Collection of Toshifumi Makita

14　大映京都撮影所 マップと各施設写真
Daiei Kyoto Studio, map and its facilities
国立映画アーカイブ所蔵
Collection of NFAJ

15　「毎日グラフ」1950年8月1日号「再建『羅生門』」
"Reconstruction of Rashomon", *Mainichi Graph*, August 1, 1950
槙田寿文氏所蔵
Collection of Toshifumi Makita

16　「アサヒグラフ」1950年8月2日号「ごらく地帯 映画 羅生門」
"Entertainment zone : Rashomon", *Asahi Graph*, August 2, 1950
槙田寿文氏所蔵
Collection of Toshifumi Makita

17　ロケーション現場の現在
Location sites now

18　宮川一夫の撮影台本[デジタル展示]
Rashomon script used by Kazuo Miyagawa
宮川一郎氏所蔵
Collection of Ichiro Miyagawa

19　野上照代の撮影台本[デジタル展示＋原本]
Rashomon script used by Teruyo Nogami
野上照代氏所蔵
Collection of Teruyo Nogami

20　野上照代による画コンテ
Storyboard by Teruyo Nogami
宮川一郎氏所蔵
Collection of Ichiro Miyagawa

21　黒澤明から宮川一夫への手紙(1952年)
Letter from Akira Kurosawa to Kazuo Miyagawa, 1952
宮川一郎氏所蔵
Collection of Ichiro Miyagawa

22　野上照代インタビュー(2020年)
Interview with Teruyo Nogami, 2020

23　紅谷愃一インタビュー(2020年)
Interview with Ken'ichi Benitani, 2020

24　撮影スナップ「羅生門」セットと雨
Snapshot of Rashomon set in artificial rainfall
国立映画アーカイブ所蔵
Collection of NFAJ

25　撮影スナップ「羅生門」セットと雨
Snapshots on Rashomon set in artificial rainfall
株式会社KADOKAWA所蔵
Collection of KADOKAWA CORPORATION

26＊ビデオ：カット尻フィルム 森のシーン
Test footage: the forest scene
宮川一郎氏所蔵
提供　株式会社KADOKAWA
Collection of Ichiro Miyagawa
Presented by KADOKAWA CORPORATION

本書は、以下の展覧会に関連して刊行されました。

公開70周年記念　映画『羅生門』展
会期：2020年9月12日(土) ― 12月6日(日)
会場：国立映画アーカイブ展示室
主催：国立映画アーカイブ、京都府京都文化博物館、映像産業振興機構
協力：文化庁、株式会社KADOKAWA、株式会社アイ・ティー・ワン

会期：2021年2月6日(土) ― 3月14日(日)
会場：京都府京都文化博物館2F総合展示室
主催：京都府、京都府京都文化博物館、国立映画アーカイブ、映像産業振興機構
協力：文化庁、株式会社KADOKAWA、株式会社アイ・ティー・ワン

Rashomon at the 70th Anniversary

Date: 12th September–6th December, 2020
Venue: National Film Archive of Japan Gallery
Organization: National Film Archive of Japan, The Museum of Kyoto,
　　　　　　　 Visual Industry Promotion Organization
Cooperation: Agency for Cultural Affairs, KADOKAWA CORPORATION, IT-One Co., Ltd.

Date: 6th February–14th March, 2021
Venue: The Museum of Kyoto 2F Exhibition Room
Organization: Kyoto Prefecture, The Museum of Kyoto, National Film Archive of Japan,
　　　　　　　 Visual Industry Promotion Organization
Cooperation: Agency for Cultural Affairs, KADOKAWA CORPORATION, IT-One Co., Ltd.

国立映画アーカイブ　National Film Archive of Japan
映画フィルムや映画関連資料を広く収集し、その保存・研究・公開を通して映画文化の振興をはかる日本で唯一の国立映画機関。昭和27(1952)年に設置された国立近代美術館の映画事業(フィルム・ライブラリー)に始まり、昭和45(1970)年の東京国立近代美術館フィルムセンター開館とその後の活動を経て、平成30(2018)年、独立行政法人国立美術館の6番目の館として設立された。平成7(1995)年には建物をリニューアルし現在に至る。

特定非営利活動法人映像産業振興機構　Visual Industry Promotion Organization
日本のコンテンツ業界の人材育成と海外展開支援を目的に平成16(2004)年に設立されたNPO法人。会員は各界を代表する法人で構成される。映画関連事業は若手映画作家育成事業、映画スタッフ育成事業、海外映画祭事業、映画資料アーカイブ拠点形成事業等と多岐にわたり、長期的視野に立って映画芸術の振興を支援している。URL：www.vipo.or.jp

京都府京都文化博物館　The Museum of Kyoto
京都府が収集してきた美術・工芸、歴史・考古、そして映画・映像の資料を収蔵、管理、普及するために昭和63(1988)年に開館。映画関連事業では、大映京都撮影所資料を中心に、京都を拠点に活動した映画監督、撮影監督、美術監督、脚本家等から寄贈された資料含め約30万点の映画関連資料を収集。館内のフィルム・シアターでは映画作品を上映・資料展示する他、地元映画スタジオや映画関連企業、大学等と連携した映画祭や映画製作ワークショップなども行っている。

本書の制作にあたっては下記の個人・団体により多大なるご協力ご支援を賜りました。心よりお礼申し上げます。(順不同・敬称略)
槇田寿文、野上照代、宮川一郎、濱野けい子、谷田部信和、紅谷愃一、北浦絃子、橋本綾、山口記弘、野久尾智明、堀伸雄、野口和夫、松澤朝夫、大賀しょうこ、ダニエル・レイム、株式会社KADOKAWA、明治学院大学遠山一行記念日本近代音楽館、日本近代文学館、玉川大学教育学術情報図書館、京都太秦映画村・映画図書室、早稲田大学坪内博士記念演劇博物館、日本映画・テレビ美術監督協会、株式会社三船プロダクション、株式会社黒澤プロダクション、株式会社講談社、株式会社ZOOM、深谷シネマ、ジャヌス・フィルム&クライテリオン・コレクション

We would like to express our heartfelt gratitude to the following individuals and organisations for their support and assistance in realizing this publication.
We thank you from the bottom of our heart.
Toshifumi Makita, Teruyo Nogami, Ichiro Miyagawa, Keiko Hamano, Nobukazu Yatabe, Ken'ichi Benitani, Itoko Kitaura, Aya Hashimoto,
Norihiro Yamaguchi, Chiaki Nokuo, Nobuo Hori, Kazuo Noguchi, Tomoo Matsuzawa, Shoko Ohga, Daniel Raim,
KADOKAWA CORPORATION, TOYAMA Kazuyuki Memorial Archives of Modern Japanese Music Meiji Gakuin University,
The Museum of Modern Japanese Literature, Tamagawa University Library and Multimedia Resource Center, Toei Kyoto Studio Park Movie Library,
The Tsubouchi Memorial Theatre Museum Waseda University, Association of Production Designers in Japan,
Mifune Productions Co., Ltd., Kurosawa Production Co., Ltd., Kodansha Ltd., ZOOM Co., Ltd., Fukaya Cinema, Janus Films and the Criterion Collection

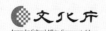

本事業は文化庁「文化芸術収益力強化事業」の支援を受けています。

公開70周年記念 映画『羅生門』展
　2020年10月2日初版第1刷印刷
　2020年10月8日初版第1刷発行

監修　　　国立映画アーカイブ
　　　　　映像産業振興機構
編集　　　国立映画アーカイブ
　　　　　清水範之(国書刊行会)
　　　　　川上貴(国書刊行会)
資料撮影　竹中朗(国書刊行会)
デザイン　村松道代
発行者　　佐藤今朝夫
発行所　　株式会社国書刊行会
　　　　　〒174-0056　東京都板橋区志村1-13-15
　　　　　電話03-5970-7421
　　　　　ファクシミリ03-5970-7427
　　　　　URL：https://www.kokusho.co.jp
　　　　　E-mail：info@kokusho.co.jp
印刷・製本　株式会社公栄社

ISBN978-4-336-07060-9 C0074
ⓒ 2020 National Film Archive of Japan | Visual Industry Promotion Organization | Kokushokankokai Inc.
無断転載複写禁止

Rashomon at the 70th Anniversary
　October 2, 2020 First Printing, First Impression
　October 8, 2020 First Printing, First Publication

Supervision　National Film Archive of Japan
　　　　　　　Visual Industry Promotion Organization
Editing　　　National Film Archive of Japan
　　　　　　　Noriyuki Shimizu(Kokushokankokai Inc.)
　　　　　　　Takashi Kawakami(Kokushokankokai Inc.)
Photo　　　　Akira Takenaka(Kokushokankokai Inc.)
Design　　　 Michiyo Muramatsu
Publisher　　Kesao Sato
Publication　Kokushokankokai Inc.
　　　　　　　1-13-15 Shimura, Itabashi-ku, Tokyo JAPAN 174-0056
　　　　　　　Telephone. +81-3-5970-7421
　　　　　　　Facsimile. +81-3-5970-7427
　　　　　　　URL: https://www.kokusho.co.jp
　　　　　　　E-mail: info@kokusho.co.jp
Printing, bookbinding　Koeisha Co., Ltd

ISBN978-4-336-07060-9 C0074
ⓒ 2020 National Film Archive of Japan | Visual Industry Promotion Organization | Kokushokankokai Inc.
All Rights Reserved

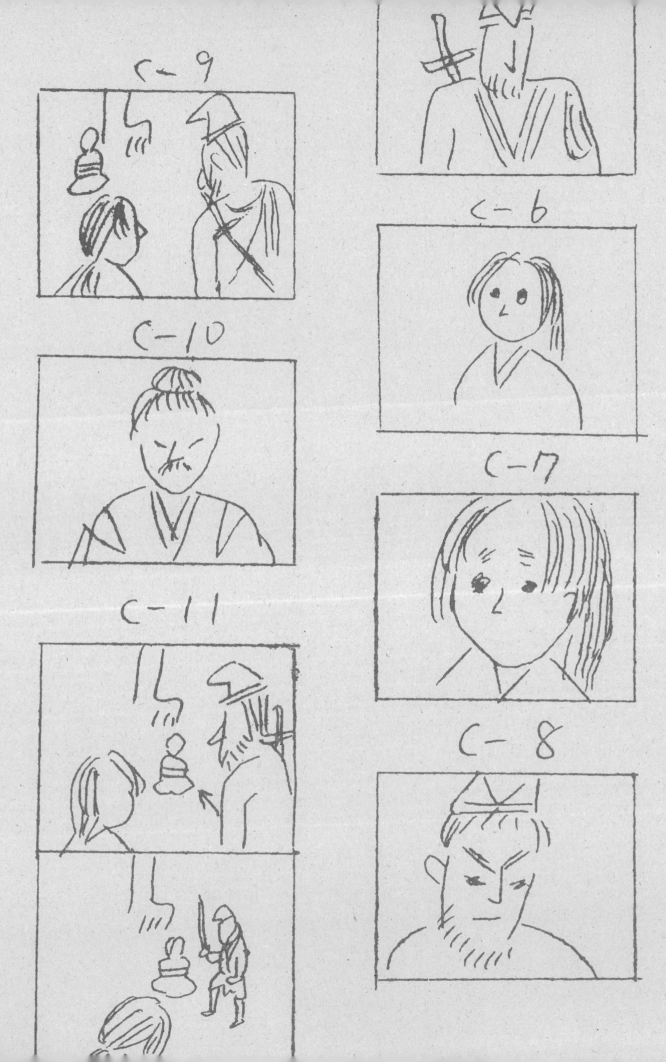